一本高层管理者设计绩效管理
一本HR实施绩效管理的教科书
一本管理顾问提供绩效管理服务的辅导书

绩效管理说明书
资深管理顾问实战手记

唐　铭　著

全面破解企业绩效管理难题

绩效管理为什么在中国实施就这么难？

为什么绩效管理就成为管理者和员工都讨厌的工具？

为企业剖析绩效管理失败的原因到底是怎么形成的？

一个有效、可持续的绩效管理体系应该如何建立？

绩效管理如何全程操作？

……

经济管理出版社
ECONOMY & MANAGEMENT PUBLISHING HOUSE

图书在版编目（CIP）数据

绩效管理说明书/唐铭著 . —北京：经济管理出版社，2015.1
ISBN 978 – 7 – 5096 – 3333 – 5

Ⅰ.①绩… Ⅱ.①唐… Ⅲ.①企业绩效—企业管理 Ⅳ.①F275

中国版本图书馆 CIP 数据核字（2015）第 201390 号

组稿编辑：何　蒂
责任编辑：杜　菲
责任印制：黄章平
责任校对：张　青

出版发行：经济管理出版社
　　　　　（北京市海淀区北蜂窝 8 号中雅大厦 A 座 11 层　　100038）
网　　　址：www. E – mp. com. cn
电　　　话：(010) 51915602
印　　　刷：三河市延风印装厂
经　　　销：新华书店
开　　　本：720mm×1000mm/16
印　　　张：12. 75
字　　　数：250 千字
版　　　次：2015 年 1 月第 1 版　　2015 年 1 月第 1 次印刷
书　　　号：ISBN 978 – 7 – 5096 – 3333 – 5
定　　　价：39. 80 元

自 序

　　从中国企业使用绩效管理的历程来看，现在多数企业已经过了刚接触绩效管理时的热情和对绩效管理效果的无限憧憬阶段，目前正在进入绩效管理的反思阶段。之所以进入反思阶段，是因为企业所推行的绩效管理能够顺利并长期实施的本身就不多，而绩效管理真正帮助企业实现了成长的就更少了。一些企业本打算通过绩效管理来提升管理水平，结果却搞得人心惶惶，甚至连正常管理都受到了影响。绩效管理这个舶来品为什么在中国实施就这么难？为什么绩效管理就成为管理者和员工都讨厌的工具？为什么绩效管理最终成为了企业手中的"鸡肋"？

　　当面对这样的疑问时，有些人可能会说是因为中西方文化差异的原因，如中国人好面子、善于钻制度的空子等。这样的解释看似有深度、很合理，但却并未触及问题的本质，也没能给出有效的解决办法。

　　本书从管理理念方面入手，剖析企业绩效管理失败的原因，同时给出一个有效、可持续绩效管理体系应该如何建立，以及建立的实操方法，帮助企业建立起一个能真正有用的绩效管理体系。如果读者对书中的内容有什么疑问，我也很乐意与大家交流。

　　本书的内容都建立在我的绩效管理项目经验之上，每做完一个项目、每服务一家企业，我都会对项目的实施过程以及效果进行总结。作为管理顾问，看到企业因为我的努力而实现了发展，看到员工因为我的努力而实现了成长，这是一件非常让人幸福和充满成就感的事情，这也是我热爱管理咨询工作的原因所在。

　　在成书之时，很想感谢一直以来给予我支持与帮助的朋友，感谢我服务过的企业，也很感谢那些我读过的好书的作者！

　　我要感谢我的父母！自从上学起他们就一直尽自己最大的努力为我创造好的学习环境，也一直鼓励我多学知识。最后，我要特别感谢我的妻子王浩静！她对我的写作非常支持，给了我很多鼓励和关键性的帮助，本书也有她的一份辛劳。

北大纵横高级管理顾问、绩效管理专家、薪酬管理专家

唐铭

2014 年 5 月 21 日

前　言

　　本书的内容既来自长期绩效管理工作的经验总结，也来自对绩效管理深入研究后的成果，不论是对于企业要建立和实施绩效管理，还是管理顾问要更好地了解绩效管理，以及对绩效管理感兴趣的人要深入研究绩效管理都有很高的参考价值和很强的实用性。

　　国内企业对绩效管理的需求目前正在步入理性阶段，之前很多企业在引进绩效考核时并没有正确理解和运用，所以很多生搬硬套的绩效考核并没有给企业带来预期的效果，有些甚至影响了企业的正常管理。

　　经过对绩效管理的长期研究和总结，我们发现能长期或可持续地促进企业发展的绩效管理必须包含三个关键要素：一是企业、员工共赢的绩效管理设计理念；二是重绩效、轻考核的绩效管理实施理念；三是完整、可不断完善的绩效管理体系。在这三个要素中，绩效管理体系是载体，两个理念则始终贯穿整个绩效管理体系的设计和实施过程中。

　　在一些企业的绩效管理过程中，会发现管理者对绩效管理没有热情，认为绩效管理成了其工作的累赘，还是一个得罪人的事情；而员工更是抵触，一提到绩效管理，所有人的脑海里就会条件反射式地出现"扣工资"的字眼，每个人都会很紧张；在实施绩效管理时又经常出现管理者与员工就绩效管理分数进行理论，搞得上下级关系很紧张。试问，这样的绩效管理是企业想要的结果吗？笔者相信没有一家企业想让绩效管理在自己的企业中产生这样的结果。而这种现象的背后就是企业、管理者和员工在绩效管理面前，各自利益没有得到有效维护，各自想办法维护自己利益的结果。这时的绩效管理就会很脆弱，因为大家都不是心甘情愿地去遵守这个制度，遵守这个制度就意味着利益受损，所以大家会想方设法钻制度的空子。没有人会去遵守一个未能有效维护自己利益的制度，也没有多少人会挖空心思去钻一个已经有效维护了自己利益的制度的空子。所以在设计绩效管理体系时，一定要让企业和员工的利益在这个体系得到很好的平衡，一定要让这个体系对双方都有利，让共赢的理念一直贯穿所设计的绩效管理体系的始终，这样的体系才能得到双方的拥护。在本书的写作中，共赢的理念也一直贯穿其中，读者在阅读过程中可以好好体会。

在多数企业的绩效管理中，有一个现象也是非常突出的，那就是企业始终最关注的是如何让绩效考核的分数最公平，让员工信服，他们认为只要考核的分数能够绝对公平，或者足够公平，绩效管理的目的就达到了，也就万事大吉了。在笔者的职业生涯中，也经常遇到这样的问题，那就是如何让绩效评估的结果最公平。公不公平似乎成为绩效管理的关键，然而事实上却不应该是这样。从本质和目的来说，绩效管理的目的是要企业绩效目标不断达成，并实现不断成长，所以绩效管理所关注的重点，或者说焦点从一开始就应该是企业的绩效目标如何达成，而不是绩效评估的结果是否足够公平。绩效评估是否足够公平从来就不是绩效管理的最终目的，或者说核心目的所在，过分关注评估结果的公平性就偏离了绩效管理的初衷，舍本逐末了。但这并不是说绩效评估的公平性就不重要了，只是其重要性不应该超越企业绩效目标达成这个核心目的而已。实际上，在企业与员工共赢理念的指导下，将绩效管理的重点放在企业绩效目标的达成和员工成长上，并合理化绩效评估结果对员工薪酬的影响程度，再加上对科学绩效管理制度的认真、有效执行，绩效管理就会成为一个大家都发自内心的愿意接受的管理工具，这时候，企业和员工也才能真正从中获益。重绩效、轻考核这个理念一直贯穿本书。

就绩效管理体系而言，目前社会上对绩效管理体系的界定众说纷纭，没有一个清晰的界定，导致企业在实施绩效管理时一头雾水。大家都能感觉到绩效管理体系的存在，但却没有一个清晰的面貌。我们通过对绩效管理的深入研究，将在本书中还绩效管理一个清晰的面貌。同时，还在绩效管理的发展时间轴上，给出了不同阶段的绩效管理特点。在这方面，本书希望达到两个效果：一是给一个清晰的绩效管理体系，二是给出一个完整的绩效管理体系是如何建立的操作方法，并通过深入的分析，帮助读者解决在绩效管理体系设计和实施时遇到的各种各样的问题，使读者能够轻松应用绩效管理体系。

本书的主要内容如下：

第一部分介绍企业管理的一些理念。在第一章中主要介绍了有关企业管理的一些理念。这些理念既是当前企业管理实践中可能遇到的，也是建立绩效管理体系所需要考虑的重要环境。第二章主要介绍了什么是管理和什么是领导，以及二者之间的区别。这也是开展绩效管理前所需要厘清的内容。第三章主要介绍了在企业中不同管理层级的角色定位。了解这些不同层级的管理者角色定位，不但有利于企业开展有效的管理，也有利于绩效管理工作的有效开展。

第二部分对绩效管理进行了分析。第四章主要介绍了绩效管理是什么以及绩效管理体系所包含的内容。第五章介绍了模糊考核与绩效考核，其中重点介绍绩效考核的各个方面，阅读这一部分有助于全面、深入认识绩效考核。第六章介绍了传统绩效管理和现代绩效管理，其中重点在传统绩效管理。在这里读者将会了解到绩效管理到底是什么，绩效考核的区别与联系又是什么。至于现代绩效管理也是重要的一部分，此处主要是向读者展示绩效管理发展的新趋势与成果。

第三部分介绍了一个完整的绩效管理体系是如何设计的。这部分内容一共有八章，每一章的内容都是介绍绩效管理体系的一部分内容。阅读该部分内容有助于读者全面、系统和深入了解绩效管理体系是如何设计的。

第四部分介绍了如何开展绩效管理体系建设项目。第十五章主要介绍绩效管理体系的建设方式。第十六章介绍了绩效管理体系建设项目如何操作。这部分内容无论对管理咨询工作者，还是企业中正要建立绩效管理体系的实际操作者都能起到一个全面掌握项目操作的作用。第十七章也就是本书的最后一章则介绍了成功的绩效管理体系的基本条件，企业可以据此来判断自己所运作的绩效管理体系是否成功。

本书的最后一部分主要是内容补充。在这里给读者罗列了企业在建设绩效管理体系时，可能用到的职能部门绩效指标。

目　录

基础篇

分析篇

体系设计篇

实践篇

基础篇

　　绩效管理体系是一个企业的制度，建立绩效管理体系会对企业中各利益相关方的利益产生影响，因此企业建立绩效管理体系时，必须要用利益的视角来审视，并且要保证绩效管理体系能很好地平衡各利益相关方的利益，而最好的选择莫过于采用总量增加的绩效管理变革方式，这样会让绩效管理变革更容易实施和有效。

　　管理与领导是企业日常管理中经常会用到的两个词，但这两个词的具体含义到底是什么？管理活动到底该如何开展？领导力的本质是什么？以及如何提升个人的领导力？这些问题在本篇中都能找到答案。

　　企业中不同层级的管理者，其工作重心和能力要求是不一样的，那么一个企业中各层级管理者的角色定位到底是什么样的？在本篇中也能找到答案。

第一章 适用绩效管理的理念

绩效管理成败的关键点在哪里？企业应当以什么样的视角来设计绩效管理体系，或者审视已经建立的绩效管理体系？如何才能使绩效管理变革更有效？对这些问题的思考和获得正确的答案，有助于帮助企业从理念上厘清绩效管理本质，从而帮助其破解绩效管理实施过程中的难题。

一、绩效管理体系的建立不能缺失利益视角的审视

(一) 企业关系的本质是利益

从企业内部讲，企业的利益相关方为企业的出资人和员工。

出资人就是企业的股东，他们是企业的所有者，对企业的经营状况直接承担责任，也就是对自己的投资负最直接的责任。

从企业外部讲，企业的利益相关方可分为客户和社会环境。

客户是企业非常重要的利益关系，企业的利润或者收入都是来自客户，因此客户直接决定企业的生存和发展，也可以说企业所有的经营管理都是围绕着如何让客户满意和如何增加客户等类似目的。

社会环境是指企业的经营管理过程中对社会环境所产生的影响。首先，作为一个企业，其经营管理活动需要符合社会环境的基本要求，如要在社会法律许可下运营、经营管理要符合社会的伦理道德等。其次，社会环境中还包括那些虽然不是企业的客户，但实际上已经受到企业影响的那一部分群体，他们对于企业的经营也是非常重要的，因为他们能影响企业客户的判断，从而影响客户的购买决策，最终影响企业的经营。也就是说他们受到企业的影响，但最终也会影响企业，形成一个闭环的影响反馈。

从组织形式看，是企业这种组织将企业的所有者、员工、客户和社会环境联系在一起，但如果还要问为什么企业能够具有这种能力将各方都组织在一起的话，那答案就是利益。利益是企业关联起企业所有者、员工、客户和社会环境的最本质东西。也就是说，不论是企业的所有者、员工、客户都是因为利益而愿意加入企业这个组织或者愿意与企业这个组织发生利益关系，而企业也是必定要对社会环境产生有关利益方面的影响。

利益是将企业各利益相关方联系起来的核心要素，因为没有企业所有者、员工、客户会愿意为了损失自己的利益而加入企业这个组织，社会环境也不会允许企业来损害社会现有的利益，至少是他们加入企业这个组织时不希望自己的利益受到损害。这也说明正因为加入企业这个组织能够实现自己利益的增值，或者说至少利益不会受到损害，所以他们才愿意加入企业这个组织中。如果企业不能有效保证利益相关方的利益，那么也就不会有人加入企业中，所以企业关系的本质是利益，离开了利益，企业将不复存在。

人们之所以加入企业，更多的是希望在这个组织中实现自己的利益增值，或者说至少自己的利益不会受到损害。

（二）需要以利益的视角来建立绩效管理体系

利益是企业关系的本质所在，也是维系企业中各利益相关方的纽带，所以企业在奖励绩效管理体系时，也需要用利益的视角来审视所建立的绩效管理体系，或者说在建立绩效管理体系时，也应以利益的视角来建立，这样才能抓住绩效管理体系建立成败的本质。

运用利益视角来建立绩效管理体系时，在绩效管理体系建立之初就需要弄清楚几个问题：企业建立绩效管理体系的目的是什么？企业能够从这个绩效管理体系中获得什么？员工能从这个绩效管理体系中获得什么？或者说绩效管理体系实施后，企业的利益将会受到什么影响？员工的利益将会受到什么影响？市场中客户的利益又会受到什么影响？

只有当企业在理念层面明确了这些问题后，其所建立的绩效管理体系才会更加科学、合理和有效。即使所建立的绩效管理出现问题，更多的也是出在绩效管理体系设计的技术层面，或者说是实践操作层面的问题，要对所出现的问题进行修正和调整会容易得多。如果说企业在设计绩效管理体系时，没有思考过或者给出上述几个问题的答案，那么当企业的绩效管理出现问题后，往往难以找到问题的本质所在，当然也很难找到有效解决问题的办法，甚至让问题变得更加糟糕。

即使企业在没有给出上述几个问题的答案之前就设计出了绩效管理体系，并且绩效管理体系还未出现问题，这只能说企业的运气好，也许是所设计的绩效管理体系刚好避免了可能出现的严重问题。但这种好运气到底有多可靠，或者说在未来会多有效，那就很难说了，这就相当于企业将自己的未来放在一个不确定的运气上，是很可怕的。更可怕的是，当绩效管理出现问题时，企业将无从下手，这就好比，企业绩效管理体系的上方始终悬着一把"达摩克利斯之剑"。只有当企业认真地思考并回答了上述几个问题，才能将企业所依靠的运气中注入更多、更大的把握和确定性，也才能拿走绩效管理上方的那把"剑"，使企业的绩效管理更加可靠。

二、绩效管理的落脚点在于平衡各方的利益

（一）制度的本质在于平衡各方的利益

制度是通过各利益相关方对各自利益的主张，并通过协商最终就各自利益得到最大程度保护的一种约束，这种约束对各利益相关方都是有效的，都是具有约束力的，因此制度的本质就在于平衡各方的利益。而事实上，一项制度要得到各利益相关方的尊重、遵守和拥护的核心也是该制度一定要能够维护各利益相关方的利益，否则的话该制度就很难被尊重和拥护，在制度中为能够得到利益维护的利益相关方也会千方百计来挑战这项制度、破坏这项制度，这就是我们常说的钻制度空子的动力本源。

这时候，如果还要使该制度能够得到有效运行的话，那么就需要花费额外资源来维护这项制度，制度维护成本升高。并且制度中如果各利益相关方的利益未能得到保障越多，也就会有越多的利益相关者来挑战、破坏这项制度，那么维护这项制度的额外成本就会更高。当额外的维护成本高到一定程度时，如所花费的成本大于所获得的利益时，该制度也就失去了存在的必要。

可见，一项制度要能够有效运行，要能够得到各利益相关方的尊重、遵守和拥护，就必须要平衡各利益相关方的利益；并且，一项制度对各利益相关方的利益平衡得越好，其维护的成本也就越低，企业就越有效、越高效。平衡各方的利益是制度的灵魂所在。

（二）绩效管理体系成败的关键也是各方利益平衡的优与劣

绩效管理体系的本质是一项制度。

绩效管理体系是一种管理工具，也是一项制度，是规范和约束，就跟薪酬管

理制度一样。在这项制度中，对于企业所有者、管理者、基层员工都有相应的约束和要求，对各方的利益也有明确的规范，如绩效目标的达成会对企业产生什么样的影响，绩效结果会对员工以及管理者产生何种影响，这些影响都直接与各利益相关方的利益关联，需要指出的是，这里所说的利益不仅仅是指薪酬、奖金，还包括职业发展、职位升降、企业发展战略目标达成等相关方面。

各方利益平衡的优劣会直接影响绩效管理体系实施的成功与否。

从前面有关制度本质的介绍中可以看出，一项制度能否得到利益相关者的尊重、遵守和拥护，其关键是该制度要能够有效保障各利益相关方的利益，本质上也就是要求该制度能够有效地平衡各利益相关方的利益。平衡越好，各利益相关方的利益越是能够得到保障，那么该制度就越能够得到有效执行，绩效管理体系作为一项制度也不例外，只有绩效管理体系能够很好地平衡企业所有者与员工的利益，才能使其得到有效的执行。

在众多实施绩效管理体系不成功的企业中，最典型的失败是：有的绩效管理体系最终成为了企业克扣员工工资的工具，成为了企业降低人力资源成本的工具。从制度层面讲，这是一项非常糟糕的制度，因为这项制度，不仅谈不上保障员工这一利益相关方的利益，反而成为了"合理"损害员工利益的工具，试想这样的制度怎么能够得到员工的认可和尊重呢？那员工又怎么会去遵守这样的制度呢？而这种情况反映在绩效管理中，就是多数员工一般会对绩效管理非常抵触，并且会千方百计让绩效结果最利于自己，当然这样的结果不仅不会给企业创造出更多的价值，反而会使企业内部的矛盾加大，甚至影响企业的正常经营管理。究其根源就是该绩效管理体系未能保障员工的利益，所以员工就不会遵守制度，会千方百计钻该制度的空子，因此此类绩效管理体系从设计之初就已经埋下了失败的种子。

可见，一种以损害员工利益为目的的绩效管理体系是注定不会成功的，是注定要成为企业管理灾难的。当然，在很多失败的案例中，可能不同企业的员工对利益的敏感方式和程度不尽相同，但员工利益未能够得到保障一定是绩效管理最根本的原因。

三、总量增加能使绩效管理变革更有效

实施绩效管理是企业的一次变革。这主要体现在三个方面，一是实施绩效管理，对于很多企业来说，意味着企业激励方式的改变，一般都会对员工的利益或获取利益的方式产生影响；二是绩效管理的实施，意味着企业的价值创造方式调整，让整个企业的员工都需要按照新的方式来推动企业成长；三是绩效管理实施更多地意味着新的管理理念的实施。从企业实施绩效管理的成功经验看，企业价值总量增加的变革往往能够使绩效管理实施的效果更好。

总量增加一般包含两个内容：一是针对企业而言的总量增加，可理解为企业实现发展，包括当前营业额的增加以及与企业未来有关的战略目标实现等；二是针对企业员工而言的，可理解为当前员工的利益增加和与员工未来相关的员工成长等。这种价值总量的增加实际上是增加了企业可用于分配的总价值。

而在另外一些绩效管理实施情况下，往往是过分强调绩效结果的公平性和分配的公平性，企业价值总量的增加与否反而放在了第二位，即先强调分配的公平性，再强调企业价值总量的增加。在这种情况下，由于价值总量一定，因此在分配的时候，一方分配得多就意味着必有一方的利益受到损失。这不是一个帕累托最优的方式，因此这样的分配更容易在内部出现矛盾，以致很多员工都会对这样的绩效管理产生较强的抵触情绪。

而在强调企业价值总量增值的绩效管理变革中，绩效管理体系设计时就会非常强调，或者说主要的目的在于促进企业的价值总量增值，并且在实现了企业价值总量增值后再去强调分配的公平性。在这种思路下，就不会出现当一方分配得多时，另一方就必然会受到利益损失的局面，而是出现一个双赢的局面，更有可能实现帕累托最优，从而减少绩效管理变革所遇到的阻力，也使得绩效管理变革更容易实施。

第二章 认识企业的管理与领导活动

管理与领导是企业最常用的管理术语，也是企业在管理中最容易出现混乱的两个术语，对这两个术语的正确认识不但有助企业日常管理工作的有效开展，更能确保企业所建立的绩效管理体系的顺利实施。

一、管理的含义与内容

（一）管理的含义

管理的含义是什么？"管理"这一词在日常工作或生活中所使用的频率非常高，几乎每天都会使用好几次，如时间管理、情绪管理、战略管理、人力资源管理、员工管理、客户管理等。同样，对于管理的解释也有很多种，而为了方便读者阅读本书，将对管理给出本书的定义。

在日常工作中，我们会经常用到管理这个词，说大一点有国家管理、政府管理，小一点有企业管理、团队管理。我们也经常听到，这个事情由某人管理、某人负责等有关管理的话。从这些话中，我们大概也基本能对管理有一个意向的认识，说"由某人管理"意思就相当于由某人负责，但实际上管理还不仅仅是负责就能完全诠释的。简单来讲，管理就是负责处理的意思。管就是负责，这个比较好理解，如某件事情由某人管，实际上就是由某人负责的意思，又如说这件事情由我管，也就是说由我说了算，这件事情由我负责。理就是处理、打理的意思，如"管理企业"实际上就是说负责打理企业，对企业中的各种事情进行处理；团队管理也就是说管理团队，负责打理和处理有关团队的事情。那么，是不是管理就可以定义为负责处理、打理呢？

实际上，管理中"理"字的含义不仅仅具有处理的意思，更强调长期性、周期性的维护。如我们所说的桌面管理与桌面处理就有这样的差别，桌面管理往往指的是一个长期的、周期性的工作，只要周围的条件还具备，这个管理活动就会一直进行。桌面管理要求的结果是桌面要保持一定标准的清洁，那么不论是在何时发现桌面脏了，都要去进行处理，确保桌面的清洁，而这个过程就是一个维护的长期过程。当然，可能某天，我们对桌面管理中所要求的清洁程度或范围变了，那么进行桌面管理的清洁程度和范围也就要发生改变。又如之前我们只关心桌面有没有杂物，而如果现在还要关心桌面的细菌有没有超标的话，那就意味着桌面管理的清洁程度和范围都发生了变化。但只要桌面清洁的这个要求还在，就要按照其标准进行处理和维护，这就是一个长期的、周期性的行为。

而我们所说的桌面处理则更多的是指一个一次性行为，当把桌面处理完，达到要求后就不需要再重复这样的行为，这个行为也就结束了。如我们经常会说，把桌面处理一下，实际上就是说把桌面按照一定的要求进行处理完就可以了，至于桌面在什么时候又需要处理，或者什么时候处理这个都不需要再次去关注，当然如果每次都在要求下进行桌面处理，或者说被告知桌面脏了就处理的话，实际上就已经是在对桌面的清洁进行管理了。此外，当在进行桌面清洁处理和维护的时候，还需要协调各种资源以保证处理和维护工作的开展，如需要去领取清洁工具与用品，需要协调桌面使用者的时间等，甚至需要组织人手来对桌子进行清理，当然，如果桌子的使用者就是你自己的话，你当然可以利用工作的间歇来对桌面进行清理，也相当于你将清理工作与你的其他工作进行协调而已，因此协调也是管理中一个非常重要的工作内容。总之，管理更强调的是一个协调、处理的工作，所以管理可以定义为：为达到某个目标而负责开展的组织、协调、处理和维护活动。

管理一直伴随着人类的各项活动，直到管理学的兴起，才被当作一门科学进行研究。而从研究的结果看，管理可分为两类：一是科学化的管理；二是艺术化的管理。但无论是哪一类管理，其本质均是为了达到某一管理目的而采取的相应措施的过程，其目的都是一样的，只是实现目的所采取的手段不同而已。需要说明的是，在日常的管理活动中，科学化的管理与艺术化的管理是经常混合使用的，只是在有的管理活动中使用的科学化管理手段要多一些，而在其他管理活动中使用的艺术化管理要多一些。

（二）科学化管理

科学化管理[1]指的是那些已经总结出有效的规律，并且这些规律是很容易被

---

[1] 后文中如无特别指明，书中所说的管理均指科学化管理。

人理解和学习的一类管理方法总称。科学管理主要包含三个方面的内容：一是管理活动的主体是管理者，是各方面资源协调的主体，也是整个管理活动和各个管理环节的主体，是目标和实现目标计划的组织制定者，是目标实现过程中的监控主体，是主持目标实现评估的主体，也是目标实现过程中主持改进的主体。二是在横向上，管理者需要组织、协调与实现目标有关的资源，这个资源既包括物质资源，如协调所需的采购资源及时到位；协调的对象也包括人力资源等与人相关的资源，如为完成某项工作，组织必需的人员，甚至包括将合适的人员放到合适的岗位等。因此从这个层面上讲，管理的本质是组织、协调。三是在纵向上，管理是一个过程，包含管理目标与计划的制定、目标与计划实施过程的督导（过程结果督查与工作指导）、阶段性结果评估、阶段性结果分析与改进四个步骤。当然，如果管理工作比较简单，就只有一个管理阶段或者一个循环的话，也就不存在阶段性结果评估，因为阶段性结果评估就是最终的结果评估；同样，一般也不会存在阶段性结果分析与改进步骤了。

在企业管理中，如人力资源管理、战略管理、全面预算管理、采购管理甚至是客户关系管理一般都是由若干个阶段构成的，它们往往以年度、财年或项目周期为阶段性管理的节点，因此一个管理活动可以拆分成若干个小的管理活动。企业年度经营目标进行管理时就可以将企业的年度经营目标管理活动依据 12 个月拆分成 12 个阶段，分成 12 个管理活动，每一个月的管理活动又是一个完整的管理活动，在每一个完整的管理活动中，一般都具有上述四个步骤，直到整个管理活动结束，最后的阶段性结果分析与改进工作一般就不再需要进行了（见图 2 -1）。

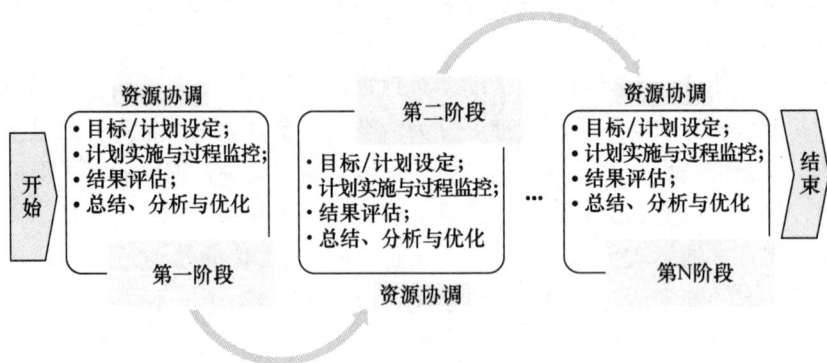

图 2 -1　管理示意

对于企业的年度经营计划管理，可根据企业管理细化的需要，将其拆分成若干个环节。在年度初期，管理者首先要制定出年度经营计划目标和完成计划；其次是在目标和计划的实施过程中，要对目标进行阶段性监控；再次是要对年终年度经营目标的达成情况进行评估；最后是对当年的年度经营目标的实现情况进行总结和提出改进计划，为了企业整体战略目标的实现，改进计划将成为企业下一年度制定年度经营目标计划的重要参考。此外，管理者还需要在企业年度经营目标计划的执行过程中协调必要的相关资源，如资金资源、人力资源等，以确保年度经营目标的达成。如果企业的年度经营目标被分解成了相应的月度经营目标，那么在每个月内，管理者也需要进行上述的管理活动。

同样，对于时间管理等管理活动也是一样，管理者首先要明确管理将要达到的目标，并制定出相应的计划，如时间管理的目的就是参与任何活动都准时，如以往每次都是因为实际时间超出了预计时间或迟到时间在 10 分钟左右，所以时间管理的计划是在以后每次都在原有的预计时间上提前 15 分钟进行准备；而过程的监控是看是否每次都提前 15 分钟进行准备了；结果评估就是看每次参加活动是否迟到或早到；改进就是如果参加活动早到了就可以缩短提前准备的时间，如缩短成提前 12 分钟进行准备；为了达成既定目标，可能还需要协调其他的活动时间，这就是在管理上的横向协调活动。以上只是以时间管理举例来说明管理活动，在日常生活和工作中的其他管理活动都与此类似。

（三）艺术化管理

艺术化管理通常也被称为管理艺术，指的是管理者为了达到预定的管理目的，所采取的手段或方法不是按照科学化管理内容中的步骤或方法，而是创造性地运用了一些方法和手段或技巧实现了预定的管理目的，或者说管理者在运用科学化管理的基础上，再创造性地运用了一些不同于科学化管理的手段或技巧，使管理的目标实现得更好。因此艺术化管理与科学化管理的本质是，艺术化的管理是一种创新性行为，是很难模仿的；而科学化管理是规范化的、有规律可循的，能够被人学习、模仿和加以运用的。在日常管理中，同样是对下属表达一个意思，有些管理者在表达时，有意更换一下意思表达的顺序就能产生非常好的效果。艺术化管理运用得好能使企业的管理更加高效，但作为企业所有者应该怎样来看待艺术化的管理呢？

企业的管理一定要建立在科学化管理的基础上，艺术化管理只能是补充。一方面，科学化管理之所以称为科学化管理，是在很多艺术化管理实践的基础上，通过分析、总结、提炼、演绎和规范化的结果，也就是说，科学化管理是被证明了行之有效的多种艺术化管理的经验总结、归纳、演绎而得到的，企业在运用科学管理时也就在运用成功的管理经验；而艺术化管理都是一些以创新为特点的管理，其管理特点是具有很低的可复制性和模仿性，每个人的艺术化管理特点都是不一样的，而且艺术化管理的效果往往是不可知的，这就使得当大力推行艺术化管理时就使得企业的管理很难统一、很难推广，同时还增加经营管理的风险，所以从这些方面讲，企业应该以科学化管理为主。

另一方面，企业的管理要在科学化管理的基础上适当运用艺术化管理。如果一个企业完全按照科学化管理的思路来开展管理的话，其管理是很难进行创新的，尤其对于管理对象是人的管理者，艺术化管理往往能降低沟通障碍，更有利于团队的建设，也是能让员工发自内心地专注于工作的有效手段所在，这是科学化管理很难做到的，因为要影响员工的情感，你就必须碰触到员工的内心。总之，科学化管理永远都无法触及艺术化管理的高度，但艺术化管理离开了科学化管理的支撑后也就谈不上艺术化的管理了。

（四）艺术化管理不等于权术

艺术化管理与权术在管理实践中很容易混淆，但两者在管理的目标上却存在着本质的区别。艺术化管理作为管理的一种手段或技巧，其目标在于为整个组织的利益服务，一般来讲，组织的利益目标达成后都是能够惠及整个组织成员的。而权术与艺术化管理的本质区别在于其目标往往不是为了整个组织的利益，而是那些通过损害组织利益来实现的个人或局部利益。也就是说，虽然权术看似也是与艺术化管理一样的一种管理手段和技巧，但其往往损害组织利益的行为，并且其目的是小团体或个人的私利；而艺术化管理的目标则是为组织利益服务，这就是两者的本质区别。

在企业管理中经常会听到一个词——内耗，实际上内耗就是企业管理中权术的一种行为。

有这样一个案例：在一家企业中，一位总监分管着财务部和行政管理部，最近财务部调来了一位新部长，业务能力很强，所带的团队工作能力也有很大提升。但过了一段时间后，总监发现财务部门的这位部长很有想法，经常会在工作中提出一些新建议，包括员工方面的、业务方面的，这些想法他不仅在工作中向分管总监提，还在跟公司其他人员接触的时候提，这时候这位总监就觉得这位财务部的部长有点锋芒毕露了，于是他决定找其分管的行政管理部门负责人谈话，谈话的过程中就谈到了财务部长的表现，而且还示意财务部长会威胁到他。此后，公司的员工发现财务部门开展工作时遇到的麻烦越来越多，而且行政部门好像与财务部门变得越来越不对付。总监这时候是比较得意的，财务部门的负责人终于不再那么闹腾了，因为他自己的麻烦还解决不过来呢，他也不再提什么新想法了，这个案例就是企业管理者运用内耗进行管理的一个例子，也就是企业中运用权术的一个例子。

从这个例子中我们可以看到，总监通过挑拨行政管理部和财务部的矛盾就实现了让财务部门负责人保持沉默的方法——让财务部与行政管理部进行内耗。内耗就能耗掉双方的能量与锐气。当然，这样的内耗是以损害公司的利益为代价的，首先是增加了公司内部不和谐，影响公司团结；其次是增加了两个部门开展工作的难度和成本；最后是公司的创新想法逐渐没有了，这就是内耗的代价。而这种内耗所能够带来的也就只是这位总监终于可以清净了，不再被那位财务部长所烦了。

二、领导的含义与内容

（一）领导与领导力

领导是引领和指导的意思，引领的内容是方向，指导的是团队在沿着这个方向前进所遇到的问题，是一种指出目标，并确保目标实现的方法与手段。

领导者就是领导人，是开展领导工作的人，是领导这一动作与行为的实施者。在日常用语中，领导一词既可以作为动词，也可以作为名词。作为动词时，指的就是领导这一行为，指的是引领与指导的行为；作为名词时，指的就是领导者，即实施领导这一行为的人。

那么什么是领导力呢？领导力就是一种不依靠权力与权威就能让他人相信和认同所提出的理念和目标，并愿意追随领导者去实现这个目标的能力。领导力越强，也就是追随者越信服，追随的意志就越坚定，团队的战斗力也就越强，实现目标的可能性就越大。领导力所强调的是一种经领导者影响后，追随者为了实现领导者的目标和自己的利益而主动让渡一些权利，并使领导者获得了支配追随者某些行为的权力，而获得这种权力的能力就是领导力。需要说明的是，管理者因公司授权或因岗位职责而获得的支配下属某些行为的权力不能叫领导力。

（二）领导力的本质与核心要素

1. 领导力本质

有领导者就有跟随者，没有无追随者的领导者，也没有无领导者的追随者，那为什么追随者要追随领导者呢？到底追随者为了什么才追随领导者呢？以及领导力的本质到底是什么呢？答案就是，领导力是一种让追随者们相信领导者能满足他们核心需求的能力。这种能力就是领导力。

（1）对满足的理解。这里的满足不仅仅是指当前满足，还指未来满足。前者是一个现在的状态，在这个状态下，追随者当前就可以得到满足。只要追随者一直追随领导者，这种满足就能够一直存在，如有些领导的独特魅力，如果说追随者感受这种魅力时，其核心需求能够得到满足的话，那么追随者一直追随领导者的过程就是一个不断满足其核心需求的过程。在领导与被领导的关系中，因这种满足追随者核心需求的方式而形成的领导关系比较少见，但由此建立起来的领导与被领导的关系却是最为紧密和牢固的。

未来满足是指领导者不是在现在，而是在未来的某个时刻，当他们所从事的事业成功时，追随者才能使自己的核心需求得到满足，而为了在未来能够使自己的核心需求得到满足，所以追随者愿意追随领导者。在领导与被领导的关系中，因这种满足追随者核心需求的方式而形成的领导关系就比较普遍，而其关系的稳定度一般没有前者牢固。

（2）对核心需求的理解。核心需求的内容非常广泛，既包括物质上的需求，也包括精神上的需求，但具体的需求因领导者所能满足追随者的核心需求内容而定。物质上的需求，如过上富足的生活，成立一家企业等；精神上的需求，如实现人生理想与价值，获得精神上的慰藉等。

核心需求与基本需求不一样，核心需求指的是人内心深处的需求，或者最高需求，如人生价值、干一番事业等。而基本需求则主要是为满足基本的生活而产生的需求，如吃饭、睡觉等生理需求，一般是核心需求的基础。核心需求并不一定是要在基本需求满足之后才会出现，有的人甚至会为了核心需求而不顾基本需求。

2. 领导力的核心要素

为了满足追随者的核心需求，领导者需要具备两个核心要素：一是满足追随者核心需求的能力；二是让追随者们信任其品质。

也可以说一个是能不能把事情做成的能力，或者说是能不能取得成果的能力；另一个是事情做成或取得成功后，追随者们能不能够分享成果，实现需求满足的问题。首先对于追随者们来说领导者要有能把事情做成的能力，如果这个都不能得到保障的话，那肯定没有人愿意追随这个领导者。其次当领导者带领大家把事情做成后，追随者们能不能获得满意的结果，或者是自己的核心需求能不能得到有效满足，这也是追随者非常关心的，如果领导者带领追随者们把事情做成了，而追随者们的核心需求却不能得到满足保证的话，那么多数情况下，追随者们也不会愿意追随这样的领导者，这里所说的保证就是领导者的品质。只有为人品质有保证的，人们才会愿意追随他，这个品质就是团队做完事情后，追随者们的需求能够得到有效满足的保证。

能力与品质是卓越领导者必备的核心要素，也是领导力的两个核心构成要素。这两者缺一不可，缺失了任何一项，领导力将不复存在。

（1）能力。满足追随者核心需求的能力是一个工作能力，如带团队的能力、分析判断能力等。总之，领导者的这个能力是追随者核心需求能得到满足的保证，是带领大家走向成功的保证。从领导者所在团队的角度看，领导者的工作能力包含两部分：一是与团队成员类似的共性工作能力，如基本的沟通、完成某件事情的能力；二是领导者所特有的稀缺性①工作能力，并且这种稀缺能力是领导团队走向成功所必须具备的，如激情、坚毅、沟通谈判能力、获取资源的能力等。在这两部分能力中，稀缺性工作能力对领导力影响更大。

（2）品质。其本质是信任，就是追随者们是否相信这个领导者在带领大家成功后，他们的需求能够得到有效满足。这对追随者们来说是关键。所以他们会通过日常领导者的各种行为来进行判断，以证实或证伪领导者的品质。从领导者的角度来说，领导者的品质也是获得领导力的关键。本书不讲领导者应该通过什么手段获得领导力，也不讲追随者们如何识别领导者的品质，本书在这方面的观点是，优秀与否的品质一般大家都会看出来。领导者在品质方面最应该做的事情是主动消除与追随者之间的误会，别因为误会而影响领导力。

围绕着领导力的两个核心要素，再结合成功与失败领导者的事例，可以总结出一些领导力品质方面的内容，如正直、包容、仁义、责任等。

3. 人人可成领导者

人人可成领导者，但领导力却千差万别。根据领导力的本质可知，只要一个人具备一定的能力和品质就具备了领导力，拥有了领导力也就可以成为领导者。所以从这个角度说，每个人都可以成为领导者。

然而由于人与人之间的能力与品质的差异，造成了能力与品质强的人，领导力也就强；而那些能力与品质较弱的人，其领导力也就较弱。有的人能够领导一个国家，而有的人却只能领导三五个人；有的人能够将贤能人士聚于左右，而有的人却只能混迹于庸碌之辈。

（三）领导力层次

根据领导力的强弱，可以从强到弱将领导力分为三个层次。其中以终极关怀为支撑的领导力已经跨入了信仰的范畴，而以制度为支撑的领导力则带有较强的管理色彩了。

1. 以终极关怀为支撑的领导力

这一层面的领导力构成要素已经快超出常规领导力所说的能力与品质范畴

---

① 这里的稀缺性并不是绝对的，这种稀缺指的是领导者相对于其所有追随者而言。

了。追随者在这一层级的领导关系中，更在乎与领导者一起共事的过程，因为在这个共事的过程中，不论是领导者的能力，还是领导者的品质都能让其如沐春风，使其核心需求在这一过程中就能够得到满足。这时的追随者一般都不会太注重团队事业的结果，也就是说不论团队事业的结果如何，都会死心塌地的追随领导者。这种领导关系是最为牢固的领导关系，领导力也最强。当然，如果领导者改变了某些关键品质和能力，就有可能失去追随者。

2. 以可信赖为支撑的领导力

在这一层面的领导力一般具有两个特点：一是追随者与领导者之间都有非常强的利益关系，如追随者往往是为了获取某些利益才追随领导者的；二是追随者相信领导者能够满足其利益需求，领导力建立在这种信任的基础上。在这一层面的领导力，追随者与领导者双方都有非常强的利益意识，利益是双方的连接纽带，一旦利益这个纽带消失，其领导力也将随之消失。

3. 以明确制度为支撑的领导力

以明确制度为支撑的领导力是指追随者与领导者双方都有明确的制度约束。在这种情况下，领导力所发挥的作用有限，一些行为是在制度与领导力双重作用下产生的，因此对于领导者的领导力要求将有所降低。这一层次的领导力也最弱，往往当领导者去掉权力后，其领导力一般会明显减弱。

（四）领导者与管理者之间的异同

领导者与管理者的区别主要集中在以下几个方面：

1. 权力的来源不尽相同

首先，管理者与领导者的权力都来自被领导对象和被管理对象的权利让渡，在这一点上，二者在权力的来源上是相同的。其次，两者权力的来源形式有所不同，领导者的权力更倾向于非制度性或者非正式的让渡，是一种基于个人影响力上的让他人愿意让渡权利而形成的权力，主要不是依靠某些制度而获得权力；而对于管理者来说，其权力则更多的是来自制度性或者正式的让渡，如在公司制度下，企业所有者①的权力来自公司法的赋予和通过与员工签订劳动合同后员工让渡的，中层管理者的权力来自企业所有者的授权等。

2. 主要工作内容不尽相同

从本质上讲，领导者与管理者的工作内容都是相同的，都是要明确目标，组织、协调各方面的资源，要对阶段性结果进行评估，要根据阶段性结果进行分析，并提出改进计划，在管理的本质方面，二者都是相同的。不同点在于：

---

① 在企业的管理者中，有些企业所有者扮演的是领导者的角色，而有些企业所有者扮演的是管理者的角色。

（1）领导者的目标不能从别人或者更上一管理层级那里分解而来，因此其更侧重指明组织或团队的发展方向，是一项开创性或者说创新性的工作；而管理者的管理目标则来自领导者所确立的目标的分解，在某种意义上可以说，领导者就是管理管理者的管理者。

（2）也正是因为这样，所以两者的工作重心不一样，领导者侧重明确组织或团队发展方向，而管理者则侧重在领导者所指明的目标引导下，如何去有效实现目标，即领导者的工作侧重树立目标，管理者的工作侧重实现目标。

3. 在管理过程中，对下属的业务要求不一样

领导者所组建的往往是一个团队，他要求其直接下属必须是团队业务需求的某一方面专家。而对于管理者来说，大多数情况下，是不会要求其下属在某一方面非常专业的，因为管理者本身已经很专业了，他只需要找一个可以被培养而业务能力能实现不断成长的员工。

4. 对下属培养的重点不一样

领导者往往也是企业的精神领袖，是一项事业的负责人，为团队指明方向，激励团队沿着这个方向前进，因而领导培养下属的重点在于对团队目标或方向的认同，甚至有些时候更侧重在哲学观点上的认同。而对于管理者来说，他们培养下属时也可能会根据企业的要求，培养员工的认同感等，但他们的重点在于培养员工的业务技能，让员工能够更好地达成自己的业务目标。

第三章　企业管理者的角色定位

在企业中，不同层级管理者的工作重心和所需要的能力侧重点也是不一样的。认清企业中不同层级管理者的工作重点，有助于企业在设计绩效管理体系时所设计的绩效指标等内容更具有针对性，从而使绩效管理体系更有效。

一、两类管理者

在管理活动中，有管理对象是物的管理者和管理对象是人的管理者，由于管理对象的不同，其对管理者的管理素质要求也会有所侧重和不同。需要指明的是，类似诚信、正直、尊重他人、礼貌等一些有关个人人格品质的基本素质在此不作讨论，假定管理者都已经具备了这些基本的素质。本章主要是介绍管理对象分别为物和人的管理者，以及这两类管理者所需具备的一般要求。

（一）管理对象是物的管理者及素质要求

此类管理者的管理对象是物，主要是根据管理要达到的目标对一些事物进行管理。如公司的文件管理、打印机管理、车辆管理等，这些工作的管理对象均是以物为对象。

在企业或社会中，以物为管理对象的工作岗位有工程师、××管理员等。他们在企业中的职业生涯一般都会成为管理某一事务方面的专家，其工作职责是组织和协调相关的事务，使其最终能够实现预期的目标。

如办公室打印机的管理工作一般就需要管理者定期进行检查和维护，在遇到故障时要能够协调处理，以确保打印机可以随时使用。打印机可以随时使用就是管理者的管理目标；定期的检查和维护就是其管理工作的实施阶段；在解决打印机问题时的资源协调就是其协调工作；一个周期结束后对该阶段的工作进行评估就是管理的评估阶段；如果还有下一管理阶段工作的话，就需要对上一阶段的管理工作进行分析和改进，这就是管理的分析与改进阶段。

此类管理者在开展工作时往往需要具备以下几方面素质：

1. 了解管理的含义和主要内容

作为管理者，其需要了解管理的含义和管理工作的基本内容与步骤，这样才能有效地开展管理工作，以确保其管理活动有效。这是管理者的一个最基本的要求。

2. 资源协调能力

在管理活动中，要达到管理的目标一般都需要运用资源来实现，尤其是在解决管理过程中出现的问题时，需要协调相关的资源才能够使问题得到解决，因此需要管理者具备资源协调能力，确保在管理过程中和解决问题的过程中能有有效的资源可用，这样才能保证管理和问题的解决有效。如在打印机的管理中，在打印机出了故障后，可能需要在企业内协调打印机的使用时间，或者需要协调打印机供应商的帮助，或者需要协调企业的采购部门采购必备的维修工具等，这些工作就需要协调，只有这些能够协调好，才有可能保证打印机能够随时处于可以使用的状态中。

协调工作是整个管理工作中最能产生价值的环节，物质之间的组合与协调的方式和方法不同就能产生不一样的效果，这就是为什么同一件事情，有的管理者能够做到非常好的效果，而有的管理者做出来的效果却很一般。

3. 需要良好的分析问题和解决问题的能力

这个能力主要是指要能有效应对管理过程中随时出现问题的能力，需要管理者能够及时发现问题，还要能够分析出问题所在，并且能找到有效解决问题的方法和及时解决问题。如在打印机的使用过程中出现了不能打印的问题，那台打印机的管理者需要及时知道这个信息，也需要尽快找出导致打印机不能使用的原因所在，并找出解决这个问题的办法和进行解决，如果是自己能够解决的话就自己马上解决，需要供应商解决的话需要及时联系并尽快解决，以保证打印机能够随时处于良好的状态。

（二）管理对象是人的管理者及素质要求

此类管理者的管理对象是人，是通过管理人来完成具体工作的。在这类管理中，管理者的主要工作是组织、协调管理对象来完成具体工作的。当然，在这类管理者中，有时候他们也可能会涉足具体的工作，涉足具体工作的多少需要依据管理者所在岗位的工作性质和岗位职责来确定。如生产车间主任作为生产车间的管理者，其主要工作就是先与员工沟通好某一管理阶段的工作目标或计划；然后生产车间主任开始协调各方面的资源以保证生产能够有效推进；在生产过程中，生产车间主任还需要及时了解生产进度，发现生产出现的问题并及时解决以及为员工们提供必要的工作指导；在管理周期结束后，生产车间主任需要与员工一起评估生产结果；当然如果该生产周期只是整个大生产周期的一个小周期而已的话，还需要对该周期的管理结果进行分析和提出改进计划，以确保下一周期能有更好的结果。

但作为一个合格的管理者，需要具备下面几种素质：

1. 知道管理工作的含义和主要内容

该部分与上一部分所描写的管理对象是物的管理者的要求一样，管理者在开展管理工作时，需要了解管理的基本含义与主要内容，这样才能保证管理者能够按照科学化的管理要求开展工作，从而保证管理工作的高效。此外，随着员工观念的日益更新，管理者也越来越需要拥有相互尊重、合作和共赢的人文关怀理念了。

2. 组织协调能力

在此类管理者的日常管理中，其需要协调的对象主要有两方面，一方面是对物的协调，另一方面是对人的协调。对物的协调包括物品协调的及时性、性价比以及怎样协调才能使最终所发挥的效果最好等；对人的协调至关重要，在协调中要讲究如何将最合适的人放到最合适的工作岗位上，让人与工作实现最佳组合，以实现员工能够在工作中创造出更大的价值。由此可见，此类管理者的该项管理工作是提升管理效果，或是更好地完成管理目标的关键所在。

3. 沟通能力

沟通在管理中占有非常重要的位置，尤其管理对象是人的时候，沟通效果的好与坏会直接影响管理目标的实现程度。沟通在管理中无处不在，首先，在管理者向下属传达管理目标和制定下属工作计划与目标的时候，良好的沟通会让目标与计划更为清晰和易于理解、并且作为下属工作的目标和评判的标准，这是管理工作的基本要求；其次，管理者在协调各方面资源的时候，也需要非常好的沟通能力，这是保证资料能够有效协调的前提；最后，在管理结果的评估、分析与改进方面也需要良好的沟通。沟通贯穿管理的各个环节，所以良好的沟通对于高效实现管理目标是非常重要的，是管理者最基本的，也是不可或缺的要求。

4. 分析、解决问题的能力

分析、解决问题是管理者确保管理目标能够顺利实现和管理效果能够得到提升的关键所在。一方面，在管理过程中，管理者需要具备能够及时分析、解决所出现各类问题的能力，能够对所出现的各种情况有较好的判断，并能做出合理的处理。一般情况下，这些问题处理得好有助于管理目标的实现，如果处理得不好，有些问题可能会给管理目标的实现带来巨大的障碍，因此管理者要具备分析和处理管理中所出现问题的能力。另一方面，管理者需要能够对整个管理过程存在的不足和问题进行分析，能够找出造成这些问题和不足的原因，并能够制定出改进措施，这是促使管理手段和管理效果不断提升的一个重要方法，尤其是对于那些隶属于一个大管理项目下的小管理阶段，这个工作就变得更为重要，没有这个能力，其大管理项目的管理目标往往是很难有保障的。综上，管理者需要具备较好的分析、解决问题的能力。

5. 掌握所管理的各项工作

掌握所管理的各项工作是管理者的一个基本要求，这也是管理者开展管理工作的前提条件。所谓掌握所管理的各项工作是指管理者要掌握所管理下属从事的各项工作，这里掌握一词包含如下含义：要知道下属各项工作所需要员工具备的素质和要求，这样才更有利于管理者实现人岗最佳匹配，且才能知道怎样帮助下属员工提升其工作能力；要知道下属各项工作完成的一般方法，且要知道各种方法的注意要点和可能出现的情况，这才有利于管理者及时对下属员工所从事的工作给予正确、有效的指导，并在下属员工工作过程中出现问题时能有效地分析和解决问题；要清晰地知道下属员工工作所需要达到的目标，且知道下属员工工作结果的不同水平的定性指标得分等级标准，这样管理者才能时刻知道下属员工目前所能完成工作的水平，并能给予员工工作结果客观、合理的评估。不要求管理者成为下属各项工作的专家，但起码应该达到一定的程度。当然，处在不同层级的管理者和不同工作性质的管理者可能对于下属员工工作了解的程度不一样，但一般要求管理者对直接管理下属的工作至少要比较熟悉。

6. 带团队的能力

因为管理者管理的对象都是人，而人的情感是非常丰富的，为了更好地完成管理目标，管理者还需要具有能够引导员工积极情绪和塑造和谐团队的能力。带团队能力主要包括两方面内容：一是激励团队的能力；二是凝聚团队的能力。员工在工作中除了公司给予的各项激励措施外，管理者还需要运用语言、行为等个人特质来将员工的行为引导到积极的一面，要让员工发自内心地用心工作，管理者的感情投入是必需的，不是为了在员工身上感情投入而投入，而是本身具有或者养成人文关怀的精神，不是将人文关怀作为一种手段，而是将人文关怀作为人生的一个追求或人的本质属性。作为管理者，其所协调的是一个团队，团队中的每个人可能有不同的性格与行为方式，所以管理者除了管理好工作内容本身，还需要为团队营造一个包容、开放、轻松的文化氛围，并为大家树立一个共同的目标，相互关怀，从而凝聚大家。

（三）管理者的权责利

1. 权力

管理是最创造价值的一项活动，而在管理活动中最创造价值的是组织协调，组织协调是需要一定权力的。管理者如果没有相应的协调物质资源与人力资源的权力，那么他就丧失了作为管理者的组织协调能力，其工作也就不是管理工作，而是执行工作，也就变成了执行者，而执行者所创造的价值是最少的，就相当于如果管理者没有相应的权力，就会从一个最能创造价值的角色变成一个不怎么创造价值的角色。权力是管理者创造价值的前提条件，因此企业中的管理者需要具备相应岗位所需要的权力。举个例子，如果一个优秀的企业家没有企业人事调动、财务审批的相应权力后，他肯定是不能将企业管理好的。

2. 责任

管理者所担负的责任就是企业对其要求的管理工作结果，是管理者向企业提交的工作成绩，也是管理者运用权力的结果。责任是企业最为关注的，因为那是管理者工作结果的体现。但在这里需要注意的，就像前面所说，管理者所做的贡献或工作结果是有前提条件的，就是要有前面所说的权力，没有相应的权力，管理者就很难做出相对应的贡献，或者说承担起相应的责任。所以，在企业的管理中，管理者的权力与责任是匹配的，管理者拥有什么样的权力，就要担负起什么样的责任，为企业创造什么样的价值。

3. 利益

管理者的责任就是企业的利益，而管理者本身也是有利益需求的，管理者的利益是管理开展一切工作的动因或动力所在。这里所说的利益不仅仅是指管理者能够获得的薪酬、福利等物质上的利益，还包括管理者精神上的利益，如职位的精神，甚至包括道德上的利益或满足，总之不仅仅是管理者，实际上是所有人在做一件事情时，肯定是有原因的，人总是为了满足某一欲望而做某件事情，这种欲望只不过有些时候已经成为了习惯，人们很难感受到而已[①]，而有些时候却能明显地感觉到。这就说明，对于管理者来说，利益需求是他从事这项工作的动力所在，没有利益的满足也就没有所谓的管理工作了。因此，对于管理者来说不仅要实现权力与责任的匹配，还要实现合理利益的驱动。

从外部看，责任是管理者给企业的一个交代，是企业想要的结果；利益是企业给管理者的一个交代，是管理者想要的；权力是企业为了让管理者能够担负起相应的责任而给予管理者的一种能力。权、责、利三者要匹配，如果出现某一方

---

① 这方面的内容，将在笔者的另一本书中做深入的讨论和研究，这里直接运用其结论。

面或两方面不能匹配的话，可能都很难得到使企业和管理者都满意的结果。

二、成功企业的管理者角色定位

在成功的企业管理中，不同层级的管理者的管理活动侧重点是不一样的。一般来讲，企业的管理者可分为领导者、高层管理者、中层管理者和基层管理者四个层次。当然，不同的企业由于其管理体制不一样，其划分的管理层级可能会不一样，但也基本能从这四个层级的管理层划分中通过拆分或整合而得到。另外，因为领导者的本质还是管理，所以，领导层也是管理层级中的一个层级。

（一）领导层要求领导力卓越

一个企业的领导层是企业的最高决策机构，他们一般由企业的所有者、创始人组成。他们决定着企业前进的方向，决定着企业的生存与发展，是企业所有管理层级中最高的一个层级。他们工作的外部着眼点在于通过外部环境分析找到市场机会，给企业一个发展方向；内部着眼点在于不断协调内部各方面的资源，使其能很好地与外部资源匹配。他们的工作重心在于领导与管理，具体业务上的工作基本不参与。

1. 业务水平要求

对于领导层来讲，业务水平的要求更多地体现在行业发展规律、行业关键成功因素上，要求他们能够从这些规律和成功因素上找准企业生存的空间。

2. 管理水平要求

领导层的管理水平主要体现在极强的领导力上；同时，还需要较强的管理水平；他们的思考需要经常涉及哲学层面，需要探究事物的本质，这不仅是业务的需要，还是领导理念的需要；需要具有极强的洞察力，能够感知企业所处行业以及相关行业的发展趋势，能够找到企业发展的关键成功因素；需要具有极强的组织、协调能力，不仅要能有效地获得企业发展的关键成功要素，还需要能建立起一个优质的团队。

（二）高层管理者要业务能力强，管理能力强

高层管理者协助领导者制定发展方向，是企业管理某一方面的专家，他们与领导层组成了一个有效的团队。在日常工作中，他们各自承担着公司发展战略的某一方面，如人力资源方面、财务方面、业务方面等，并且往往是这些工作中的

某一方面或某几方面的权威。他们是公司战略实施的承上启下者，对上，分解并承担着公司战略；对下，要确保所分解的战略能够实现，是中层管理者的管理者。他们的主要工作是管理，很少参与业务上的具体工作，即使参与，也多是业务指导上的工作。

1. 业务水平要求

高层管理者都有其所擅长的业务，在企业中往往属于这方面的权威。

2. 管理水平要求

高层管理者需要很强的管理水平，因为要确保在其管理下，所负责的业务目标都能有效实现；他们也需要一定的领导力。

（三）中层管理者要求具备较强的业务能力和一定的管理能力

中层管理者的使命是通过实施有效的管理，确保下属能够有效实现各自目标，从而使自己的目标实现，并最终使企业战略得以实现，他们是企业管理的第一线，是企业管理的执行层。他们的主要工作内容应该更侧重管理工作，具体的业务上的工作往往不是主要工作。

1. 业务水平要求

在所负责的业务方面，他们虽然算不上企业中的权威，但也必须掌握下属的各项业务具体开展方法，开展业务过程中可能出现的问题，并能够有效解决这些问题。

2. 管理水平要求

要求具有较强的管理水平，能够很好地执行管理流程；能够有效地协调业务开展所需要的资源，也能够有效地组织好员工，熟悉下属的工作特点、能力与特长，能够很好地将其特长与工作性质结合起来，能有效地实现人岗匹配；有效地激励员工，激发他们的工作热情；能够帮助员工分析他们在工作中存在的不足，这些都给予中层管理者对工作性质与员工素质要求的掌握，能够帮助员工制定切实可行的改进计划，从而帮助员工提升其工作能力；还需要非常强的沟通能力，以便能有效开展管理工作。

（四）基层管理者业务能力要过硬

基层管理者往往是某一项具体业务方面的能手，他们能够在业务上给予其他员工一些帮助，能够在业务上指导他们；在开展工作时，基层管理者的工作还是以业务工作为主，且往往涉及具体的业务工作；相对于业务上的工作而言，管理工作不是他们的工作重点，更多的是对其他员工提供业务上的指导，帮助其他员工分析和解决一些业务上出现的问题以及协助管理者做一些管理工作。

1. 业务水平要求

对于基层管理者来说，其业务水平是有一定要求的，他们需要能够在必要的时候为其他员工提供业务上的指导，有时候甚至是中层管理者业务上的顾问。

2. 管理水平要求

对于基层管理者来说，他们需要熟悉管理方法和能够进行简单的管理，以帮助中层管理者开展管理工作。

分析篇

绩效管理体系包含四个方面、四个阶段、一个绩效结果输出与应用和绩效管理文件。

绩效考核更多的用于奖金的分配，非常强调绩效结果的公平性，附属于薪酬管理体系。

传统绩效管理的目的在于实现企业发展和员工成长，是企业一个有效的战略目标实施工具，但其绩效结果应用于薪酬仍然是绩效管理的重要应用之一。

以OKR为代表的现代绩效管理，其目的完全侧重企业战略目标的实现，绩效管理结果不再直接应用于薪酬管理。

第四章　绩效管理系统

要在企业中建立绩效管理体系，就必须要对绩效管理有非常清晰的认识，同时还要对绩效管理体系非常了解，知道绩效管理体系包含的主要内容与结构，这样才能帮助企业建立起完善的绩效管理体系。同时，对绩效管理和绩效管理体系有深入的认识，也才能帮助企业找到绩效管理问题所在，并加以修正。

一、绩效管理的含义

绩效管理在现代企业管理中有非常广泛的应用，基本上是现代企业必备的一种管理工具。

（一）绩效就是业绩与效益

在企业里面，我们经常会谈到绩效考核或绩效管理，而且似乎大家对绩效这一词都能够理解，以至于不再需要对其进行定义或解释，因为大家在谈论绩效的时候很少出现你说的绩效与我说的绩效不是同一样东西的时候，或者说企业里面很少有人会追根刨底地去探究什么是绩效。实际上，对于什么是绩效在学术界已经有很多的定义，在本书中，我们不再一一列举这些定义。本书将对绩效给出自己的定义，一方面，方便读者在阅读本书的时候与本书的绩效含义达成一致，方便理解本书的绩效管理思想；另一方面，也算是对于现已存在的绩效定义进行一个补充。

绩效可理解为业绩和效益。它包含两个含义：一是指业绩或目标，就是企业想要达到或实现的目标，并且这里的目标还包括为了未来的发展，现在应当完成的相应准备或基础工作这样的目标以及一项任务的阶段性目标；二是效益，就是为了达到目标所消耗的成本或资源如何？也就是说绩效所考察的不仅仅是要实现目标，还要考察实现目标所花费的成本是什么样的，这样能够全面地对企业经营的最终成果进行衡量。这里需要说明的是，业绩目标不仅是指可以量化的财务上的目标，如营业收入，还指不可量化的目标，如企业的制度流程建设情况等。

企业的绩效根据承担的对象不同可分为组织绩效与员工个人绩效。组织绩效在企业中指的是一个团队或一个部门的绩效，该绩效用于评价组织的整体绩效情况，评估组织的目标完成情况。如人力资源部或人力资源中心的绩效、业务部门的绩效等。个人绩效则强调员工个人在一定时期内履行岗位职责的情况和目标完成情况，用以评估员工个人对组织或企业所做的贡献。实际上，组织的绩效也是由员工完成的，只是这两者在企业的绩效管理中侧重点有所不同而已。

（二）绩效管理就是以绩效为管理对象的管理活动

前面给绩效和管理都下了定义，那么对于什么是绩效管理就更容易理解了。按照绩效和管理的定义，我们是否可以这样给绩效管理下一个定义呢？绩效管理就是以绩效作为管理对象的一种管理活动，也就是以绩效作为管理的对象。这里需要指明的是，绩效管理本身也是需要管理的，那就是对绩效管理进行的管理，但这不是本书的关注点。本书所关注的是绩效管理，也就是对绩效的管理，其主要特点如下：

1. 绩效管理的对象是企业的绩效，即最终是以企业绩效作为管理的标的物

实际上企业的绩效可以分为组织绩效与个人绩效，所以绩效管理的对象往往也分为组织绩效管理和个人绩效管理，并且由于组织绩效与企业的发展战略联系最为紧密，所以在很多情况下，企业的组织绩效都由企业管理部或战略管理部等与企业战略管理相关的部门来负责管理；而员工个人绩效更多地涉及员工薪酬福利、晋级、培训等相关工作，所以一般情况下，员工个人的绩效管理工作是由人力资源部来承担。

2. 绩效管理是一种管理活动，需要协调资源并做好过程管理，以确保目标的实现

企业在实施绩效管理的过程中，其实施过程与管理的过程基本相同，如都要进行目标和计划设定，目标与计划的实施与监管，实施结果评估和实施总结与修正。只不过对于绩效管理而言，由于绩效管理与企业的薪酬、培训、激励等人力资源管理紧密相关，所以绩效管理的过程中多了一个绩效结果应用环节。该环节的作用是将员工或组织的绩效与激励结合起来，实现绩效激励作用，这也是绩效激励推动企业业绩不断提升的一个重要保障。

3. 绩效管理是一个阶段性的、长期的工作

绩效管理是企业的一类管理活动，伴随着企业的管理活动而存在。在企业实

施了明确的绩效管理后，随着企业的战略管理工作的展开，企业的绩效管理也就开始了，并且绩效管理会随着企业的战略管理工作进行不断调整和优化，以确保企业的绩效管理方向始终能够与企业的战略目标和发展方向保持高度一致，从而推动企业战略目标的实现。

（三）绩效管理与奖惩有本质的区别

绩效管理与奖惩的区别主要体现在以下几个方面：从制度层面讲，绩效管理是在《绩效管理制度》的规范下开展的一项管理工作，企业的奖惩则一般是在企业《奖惩制度》下开展的一项工作，而《绩效管理制度》与《奖惩制度》一般也都是企业的两大重要制度，所以从这个方面讲，绩效管理与奖惩是属于两种性质的管理活动。

从工作开展依据和目的讲，绩效管理主要是围绕着员工主要工作职责而开展的一项管理活动，其主要目的是通过衡量员工工作职责的履行情况，并通过绩效管理促使企业战略目标达成和员工绩效能力提升；而奖惩活动则主要是围绕着企业对员工的行为规范、职业道德是否符合企业的要求而开展的管理活动，其主要目的是通过奖惩使员工遵守企业制定的相关行为规范和要求。综上，绩效管理与奖惩存在本质的区别。

二、绩效管理体系

绩效管理作为一个系统性的管理工具，它具有一个完备的体系。简单来说，绩效管理体系就是横向上的四个方面、纵向上的四个阶段和一个绩效结果输出与应用以及绩效管理文件（见图4-1）。四个方面是指绩效管理的相关者职责、绩效管理关系、绩效管理周期和绩效管理指标；四个阶段是指绩效指标与计划制定阶段、绩效实施阶段、绩效评估阶段、绩效面谈阶段；一个绩效结果输出与应用是指将绩效评估结果进行恰当处理的过程，这是为绩效结果应用到企业管理的其他体系而做准备；两类文件分别是《绩效管理制度》和相关图表文件。

（一）相关者职责

绩效管理相关者职责是指参与企业绩效管理工作的各组织机构和各相关岗位的职责。一个完整有效的绩效管理体系必须在组织机构职责上清晰明确，这里的清晰明确既包含了哪些组织机构要参与企业的绩效管理、哪些组织机构不参与企

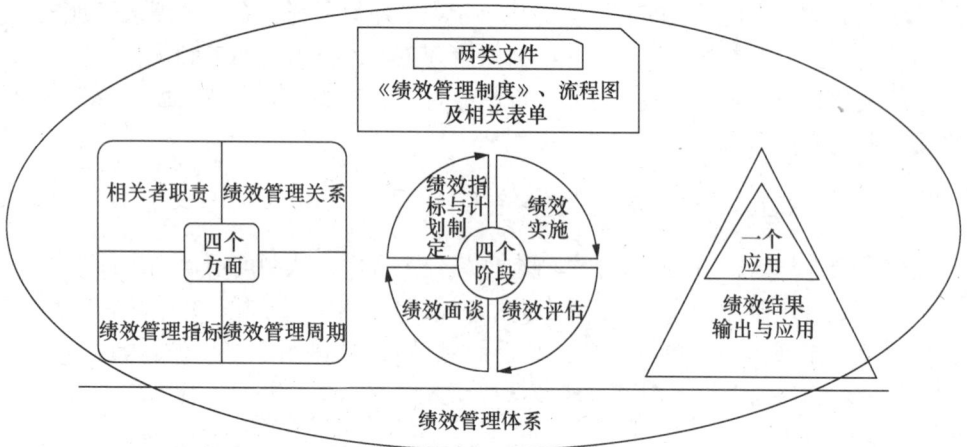

图 4 - 1   绩效管理体系

业的绩效管理，同时更重要的是清晰地界定了不同的组织机构在企业的绩效管理中的职责是什么，并且各组织机构的职责具有良好的相互协调性，能共同确保企业的绩效管理工作有序推进。

（二）绩效管理关系

绩效管理关系中清晰地界定了绩效管理中上下级的关系与企业行政管理中的上下级关系。通过绩效管理关系的界定，企业中参与绩效管理的每个人就能够清晰地知道自己在绩效管理中扮演什么样的角色。一般情况下，企业中的中层管理者对于公司高层来讲，他们是绩效实施者，而对于基层员工来讲，他们又是绩效督导者。在不同的企业制定绩效管理方案的时候，除了要遵循一般的绩效管理关系原则外，还应该结合企业的实际情况来制定绩效管理关系。

（三）绩效管理周期

绩效管理周期是指在实施绩效管理时，以多长时间为一个管理周期的时间界定。这里需要指出的是，首先，由于企业中不同的岗位工作性质和实现工作成果的周期不一样，以及受企业其他相关因素的影响，所以在一个企业中一般也会根据岗位的种类等因素设计不同的绩效管理周期。其次，绩效管理周期时间的长短应根据企业中具体岗位的性质和特点来定。绩效管理周期的时间越短，虽然绩效结果越可控，但绩效管理的成本会过高；绩效管理周期的时间越长，虽然绩效管理的成本能明显降低，但绩效结果的可控性较差，这对于基层岗位尤为明显。

（四）绩效管理指标

绩效管理指标是绩效督导者与绩效实施者约定的，就绩效实施者的某些工作将要达到标准和要求的一种指标化书面表现形式。绩效管理指标是企业开展绩效管理的依据，也是绩效督导者对绩效实施者的绩效任务完成情况的评价依据。完善的绩效管理需要企业首先构建完整的绩效管理指标体系，绩效管理指标体系需要在横向上明确绩效管理指标的维度，在纵向上则需要对企业发展目标进行层层分解，最终实现企业中的每一个岗位都能相应地承担企业发展目标，并以员工任务绩效的达成推动企业发展目标的实现。

（五）绩效指标与计划制定阶段

绩效指标与计划制定阶段是绩效管理流程每个绩效管理周期的起始阶段。该阶段主要包含以下两方面的工作：一是绩效指标的制定，这其中就包含绩效指标的选取、指标含义界定、数据处理规则设计、计分规则确定以及指标目标值、指标权重、指标原始数据来源等多方面内容的确定。二是绩效目标实施计划的确定，该计划分为两部分：①绩效实施者根据当期的绩效目标所制定的绩效目标实施计划，这个计划需要绩效实施者与绩效督导者共同制定；②绩效实施者的绩效改进计划，这个改进计划主要是绩效实施者针对上一期绩效结果，在绩效督导者的指导下所制定的绩效改进和能力提升计划。

（六）绩效实施阶段

绩效实施阶段是绩效实施者完成绩效目标的一个阶段。在该阶段中，绩效实施者是整个过程的主角，是绩效目标完成的主体，而绩效督导者则扮演着监督和指导的角色。绩效实施者在该阶段中一般会关注两项工作：一是关注本期的绩效目标；二是关注本期的绩效提升计划执行情况。对于绩效督导者而言，其有四个方面的工作需要关注：一是自己作为绩效实施者的绩效目标完成情况；二是关注自己的绩效改进计划执行情况；三是对下属的绩效目标进行过程性监控和做好相关的工作记录，确保最终目标的实现；四是在下属绩效目标的实施过程中做好指导、相关资源协调和改进计划的督促工作。

（七）绩效评估阶段

绩效评估阶段就是绩效督导者根据绩效实施者在绩效管理当期的绩效结果，与期初约定的目标进行对比，以确定绩效目标实现情况的工作阶段。绩效评估阶段也就是我们常说的绩效考核阶段，是绩效管理过程中非常重要的一环。在绩效评估时，一般都会采取绩效实施者先自评，绩效督导者再终评的评估方式，这样有利于绩效实施者更深入参与绩效管理工作，增加对绩效管理工作的认同度；也有利于绩效督导者了解绩效实施者的真实想法与意见，有利于绩效督导者做出更客观、公正的绩效评估。即使这样，也需要绩效督导者与绩效实施者在绩效评估阶段都以期初的约定为标准，以绩效周期内的行为表现和绩效结果为客观依据进行评估。在该阶段中，如果绩效督导者与绩效实施者无法就绩效评估结果达成一致，绩效实施者可以向企业的人力资源部提起绩效结果申诉。如果人力资源部的调解结果还是无法使绩效督导者与绩效实施者达成一致的话，绩效实施者还可以向绩效管理委员会提起申诉，绩效管理委员会作为企业的最高绩效管理机构，将会给出最终的裁决结果，该结果具有强制性。

（八）绩效面谈阶段

绩效面谈是指当员工的绩效评估结果出来后，绩效督导者要与绩效实施者一起对绩效实施者的绩效结果进行分析和总结。在这个过程中，绩效结果优秀的也需要总结经验，具有推广价值的还可以推广；当然对于企业和员工来讲，更重要的是去分析那些存在问题的绩效结果，一定要从中找到造成绩效结果不好的原因和解决办法，并且绩效督导者要辅导绩效实施者制定出绩效改进计划，以便在下一期中不断提高绩效水平。该阶段是绩效管理中非常重要的一环，企业绩效管理水平的高低，在很大程度上都反映在这个阶段。

（九）绩效结果输出与应用

绩效结果输出与应用是指绩效评估结束和绩效面谈结束后，企业中的相关部门运用这些绩效结果以开展相应管理的一个过程。严格意义上讲，开展相应管理活动的过程不应该算绩效管理的一个过程，如绩效管理结果应用于薪酬管理中，事实上此处的应用应该是薪酬管理中的工作了。一般而言，绩效结果输出与应用分两步走：第一步是在绩效实施者的最终绩效评估结果出来后，绩效评估结果运用于薪酬管理；第二步是在绩效面谈结束后，结合绩效面谈的总结与分析所开展的培训等相关管理工作，以及绩效结果在此之后运用于职位升降等多方面。也就是说，这里所说的绩效结果包含两部分内容：一是绩效评估结果；二是绩效面谈结果。虽然绩效结果可以有很多的应用，但在应用时一定要把握好度，在有些方面不可以过分夸大绩效结果应用的重要性，尤其是不能迷信绩效结果，防止绩效主义思想产生。在开展其他工作时，绩效结果可以作为一个重要的参考，应该与其他管理工具均衡使用。

（十）绩效管理文件

绩效管理文件一般指《绩效管理制度》和绩效管理流程图、相关表单两类文件，企业的绩效管理拥有了这两份文件，再加上前面所介绍的四个方面、四个阶段和一个绩效结果输出与应用才算是企业拥有了一个比较完善的绩效管理体系。绩效管理制度是企业进行绩效管理工作的规范性文件。在文件中，企业应该详细约定绩效管理体系中的四个方面和四个阶段①的内容和操作方法，是企业开展绩效管理工作的依据。但在企业的实际操作中，往往一个企业的绩效管理制度不仅仅就只有这样一份文件，有时候企业还会对《绩效管理制度》做一些补充性的规定，这时就会有一些与绩效管理制度相关的文件。多数情况下，绩效管理流程图和相关表单也会以附件的形式附于《绩效管理制度》后。绩效管理流程图对绩效管理流程进行了图示化的展示，虽然绩效管理流程已经包含在《绩效管理制度》中，但为了理解方便，多数企业，尤其是已经在公司建立了制度流程体系的企业会将绩效管理流程做成流程图进行管理。此外，绩效管理流程图中一般还包括绩效申诉流程图等相关流程图文件。

---

① 在实际操作中，绩效结果输出与应用中的薪酬福利应用会部分放入《绩效管理制度》中。

第五章 绩效考核

从绩效管理的发展历程看，可将绩效管理分为模糊考核、绩效考核、传统绩效管理和现代绩效管理四个阶段。本章主要介绍模糊考核和绩效考核，第六章介绍传统绩效管理和现代绩效管理。

图 5 – 1 绩效管理的发展阶段

一、模糊考核

（一） 从粗放到人文

绩效管理的发展历程经历这几个阶段，从企业的发展历程来说是一个从粗放管理到人文关怀管理的过程。在企业的早期，很多管理手段都是非常粗放的，那时候的企业一方面由于社会关于企业的法律法规不健全，使得企业在管理过程中比较粗放；另一方面因为心理学、管理学等社会学科的知识积累还没有到现在的程度，对很多问题和现象的认识都还没有达到现在这样的深度和广度，使得绩效管理从最初的提出、应用，到后来的不断改进和提升经历了一个从粗放到人文关怀的过程。从企业成长的历程看，绩效管理从最初引入企业，再到不断优化和改

· 36 ·

进也经历着一个不断提升的过程。一般在企业管理初期，企业会引入绩效考核，再到后来，随着企业发展的需要和市场竞争的需要，企业不断提升绩效管理水平，从而企业在应用绩效管理工具的时候也经历着从粗放到人文关怀的一个过程。

（二）广泛存在于初创企业

实际上所有的企业都有绩效管理，只是不同企业的绩效管理水平和状态不一样而已。从绩效管理的定义中就可以知道，企业的绩效管理就是以企业的业绩和效益作为管理对象的一种管理，而对于每个企业家而言，首先他肯定有关于企业的发展目标，也会在业绩实现的过程中进行监控，更会对业绩实现结果进行评估，当然大多数企业管理者都会进行业绩改进，可能也会去协调相关资源，以确保企业绩效达成，所以说绩效管理普遍存在于企业之中。

那为什么还有这么多的企业家觉得自己的企业没有绩效管理呢？实际上，确切地说，企业家们更想表达的是自己的企业没有符合现代企业发展要求的绩效管理，或者说是自己企业的绩效管理未能形成体系，企业未能得到系统的绩效管理所带来的好处而已。

（三）特点

模糊的绩效考核阶段是指管理者或者企业的所有者在开展绩效管理时没有明确的绩效考核规则和制度作为绩效考核的依据。一般来讲，一些新成立的企业往往是没有明确的绩效管理规则的，但在这个时候并不是这些企业中就没有绩效管理。这个时候的绩效管理往往只存在于企业负责人或企业的几个核心领导者那里，因为他们直接对企业的绩效结果负责，所以他们是企业绩效管理的负责人。但由于这个时候的绩效管理概念或规则并没有形成一个明确的管理体系或者以制度的形式对所有成员正式公开，所以其影响范围是有限的。如企业在初创阶段虽然没有明确的绩效考核制度，但在该阶段员工薪酬的发放以及奖金的发放方面，企业的所有者实际上也是在考虑了每位员工的实际工作情况后才发放相应的薪酬与奖金的，只不过这个绩效考核过程在企业所有者一个人的心里完成了而已。但这并不意味着，这样的做法就一定是不合理的，因为初创的团队或者说小范围团队的绩效管理可能用这种方式是效益最优的。

二、绩效考核

到目前为止，绩效考核是企业运用最广泛，也是运用时间最长的一种管理工具。企业在开展绩效考核时最常见的过程与特点是：绩效督导者先确定好绩效任务，然后再将确定好的绩效任务下达给员工；多数情况下，员工就将该绩效任务作为当期的绩效目标；到考核时，绩效督导者会按照绩效考核任务给员工评一个分数；该分数经过公平性和合理性处理后就作为向员工发放绩效工资和相关福利的一个依据，绩效考核就完成了一个循环。

（一）绩效考核的理念

1. 合理分配薪酬与福利

在早期，大多数企业在引进绩效考核时，企业都还处在进行规范化管理的初期，企业所有者在此时往往感觉到企业内部员工的薪酬与奖金等相关福利分配的公平性已经存在问题，且已经明显影响企业中员工的士气和积极性，再加上绩效往往给人最直接的意思就是一个人工作贡献的大小，所以企业所有者就很容易将绩效作为一个能公平分配薪酬和奖金的管理工具引入企业。

2. 通过公平分配薪酬福利来激励员工

该阶段的绩效管理就是用于分配薪酬、奖金、福利等相关员工待遇的一个工具，是薪酬管理的一个补充，并且认为这种公平是激励员工的一个重要手段。绩效管理被引入企业的目的是实现企业薪酬与福利等发放的公平性，并希望通过这种公平性实现员工的多劳多得和奖勤罚懒，最终调动员工的积极性和实现企业业绩的提升。

3. 更多关注的是绩效考核的结果

在绩效考核的实际操作中，企业所有者往往秉持的理念是尽量不让员工知道其最终的绩效分数，或者说绩效结果分数评估出来后也不用与员工进行沟通了。因为沟通，一是担心员工会过分纠结类似于一分两分的分数，或者就某些小问题揪住不放，从而影响绩效考核工作的效率；二是担心这样的绩效结果沟通会加大绩效督导者的工作量，因为企业想要的就是一个绩效分数而已，只要企业能按照这个"公平"的分数去发放工资就可以，也就解决了企业内部的公平问题了。而对于员工是不是认同这样的公平未做过多的思考或给出有效的解决办法。

4. 管理的对象是绩效考核

绩效考核中，企业管理的对象更多的是绩效考核本身，而不是绩效本身。

（二）绩效管理定位与工作重心

1. 功能定位

在这一阶段的绩效管理中，由于绩效管理的目的是为了实现薪酬与福利的公平性，所以该阶段的绩效管理实际上就是薪酬管理的一个附属，其最终目的是为薪酬"三个公平"① 中的自我公平服务。

2. 工作重心

在该阶段的绩效管理制度设计时,企业所有者和员工在绩效考核目的的引导下,更关注如何设计出使考核结果更加公平和精确的考核系统,要求这个系统能够真实地反映出员工在绩效周期内的实际贡献,非常强调考核结果的公平性与准确性。因此,整个企业在绩效考核的工作中都关注的是如何使绩效考核更加公平和合理。

(三)绩效管理体系的完善性

绩效考核实际上没有具备完善的绩效管理体系,其存在着绩效管理环节的缺失,并且在已有的绩效管理环节中也存在不足。

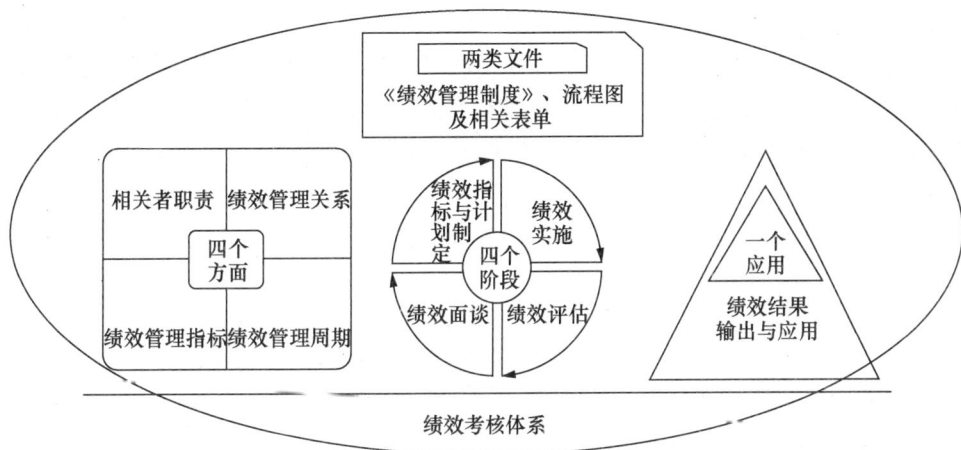

图5-2 绩效考核体系的完善性

1. 体系的四个方面——全而不实

横向中,绩效管理的相关者职责、绩效管理关系、绩效管理周期和绩效管理指标四个方面基本都已具备。一般来说,较完善的是绩效管理关系和绩效管理周期;组织机构职责一般也都会有,但可能存在的问题是容易出现职责划分不够清晰,因为这时的企业多为企业发展的早期,内部职责划分一般还没有达到特别清

---

① 薪酬中的三个公平是指外部公平、内部公平和自我公平。外部公平是指员工的薪酬要在同行业、同地区实现公平;内部公平是指员工的薪酬在企业内部与其他岗位的员工相比实现公平;自我公平是指员工的薪酬要与自己在企业中的贡献实现公平。

晰的程度；然而对于绩效指标来讲，这是最容易出现问题的地方，如指标数量大、指标权重设置和指标结构不合理，且在指标设置的时候会过分纠结强调指标结果的准确性，有时候连定量指标都难以有效确定，更别说定性指标了。

2. 绩效指标与计划制定阶段——有而不全

在绩效考核中，绩效指标是绩效督导者下达给绩效实施者的，一般不会与绩效实施者就绩效指标进行深入的沟通，除非个别绩效实施者因绩效目标很难完成，提出来后绩效督导者才会与绩效实施者进行沟通。但这时即使是沟通，也更多的是绩效督导者怎么说服绩效实施者接受这个任务目标。

部门及以上的绩效实施者可能会有绩效实施计划，但也不会就绩效实施计划进行深入的沟通；部门以下员工的绩效实施计划是缺失的。绩效改进计划几乎没有，因为绩效面谈环节基本是缺失的。

3. 绩效实施阶段——缺失

在绩效考核中，绩效督导者和绩效实施者都将精力放在如何取得一个"客观、公正"的绩效结果，所以绩效督导者在该阶段的绩效辅导、督导工作基本缺失。对于绩效实施者而言，由于绩效目标实施计划与改进计划的缺失，所以其工作也带有较强的随意性，使得绩效结果难以有效保证。

4. 绩效评估阶段——有，但问题多多

绩效结果评估阶段是绩效考核的核心工作，所以这一阶段的工作能够得到有效的执行，但容易出现几方面的问题。一是绩效评估结果因为前期绩效目标沟通不到位，导致绩效结果的不认同率较高；二是绩效结果缺乏沟通，绩效督导者也未能就绩效结果与绩效实施者进行有效的沟通，甚至有些企业不直接告诉绩效实施者绩效结果，绩效实施者只能等到发绩效工资的时候才能算出自己的绩效结果，以及由于以上原因而导致的员工与企业的不信任，甚至抵触绩效考核等，从而使得绩效考核在实施时遇到非常大的阻力，常见的情况是有较多的员工进行绩效申诉，导致企业绩效管理部门疲于应付员工的绩效申诉。

5. 绩效面谈阶段——缺失

首先，最终实现企业业绩提升的路线是通过公平性来激励员工工作，最终实现企业业绩的提升，所以其不会在业绩改进上下功夫，只要公平性达到了就达到了企业所有者开展绩效管理的目的了。其次，绩效考核体系不支持绩效面谈工作，一是绩效目标未能达到有效认同；二是绩效实施阶段绩效督导者缺乏过程监管，缺乏绩效实施者的绩效实施过程信息；三是绩效结果一般是保密的，或者是避讳讨论的，那么绩效面谈也就无从谈起。所以绩效考核中，绩效面谈基本是缺失的。

6. 绩效结果输出与应用——有，但应用潜力未充分发挥

绩效考核在该阶段的应用主要是将绩效结果作为员工薪酬和福利的发放依

据，在很大程度上也将绩效结果作为员工职位晋升、薪酬调整的依据。但在培训方面，由于整个绩效设计的目的在于如何实现薪酬与福利的公平性，且由于一些环节的缺失，导致绩效结果难以有效应用到培训中。

7. 绩效管理文件——基本可行

实施绩效考核的企业一般都会有一份《绩效管理制度》和相关的绩效管理文件，绩效考核流程则是有的企业有，有的企业没有。

（四）对绩效督导者的影响

1. 绩效督导者在绩效管理过程中扮演着法官、裁判的角色

在绩效考核中，由于最主要的目的是通过绩效考核准确地评估出员工的真实贡献，所有绩效督导者的主要工作或者工作重心都在于绩效评估，因此绩效督导者在这一阶段的绩效管理中扮演的角色是裁判或法官，核心工作是评估出工作业绩的实际情况，甚至评判出员工的优与劣。

2. 绩效考核往往成为绩效督导者的工作负担

根据企业的实际经验，多数绩效督导者会认为绩效考核是管理者的一个负担，加大了他们的工作量，绩效考核时疲于应付，因为需要在员工中做平衡，平衡不好会影响内部团结或员工关系，使得他们的心理压力增加；对于少数管理者而言，绩效考核成为其平衡内部人际关系、玩弄权术和实现不合理个人利益的一个工具，这类管理者虽然是少数，但因为其胆子大，因此能给企业的绩效管理造成非常不良的绩效管理文化，并严重影响企业的经营管理；还有部分管理者，他们对待工作兢兢业业，在绩效考核时也能非常认真地客观对待，其绩效评估结果能较好地得到员工的认同，但这类管理者在大多数企业中毕竟是少数，影响力有限，其若处于良性的企业绩效文化中，尚能发挥一些正面的影响力，否则，其正面的影响力也是非常弱的。

（五）对绩效实施者的影响

1. 越来越抵触绩效考核

在绩效考核阶段中，绩效实施者在绩效评估时往往将绩效评估看作是一次审判，自己就是被告或嫌疑人，因此对绩效考核有较强的抵触情绪，对绩效考核结果非常敏感。这时的绩效考核对于员工来说就意味着是对自己的一次优与劣的判断。

绩效评估结果如果是优秀的话，员工会认为这是对自己工作的肯定；如果分数低，或者拿到的绩效工资比以往低的话，员工会认为这是对自己工作的否定，认为自己上一绩效考核周期内做得不好，因此绩效评估结果在很大程度上对员工

而言，已经成为了一次对自己工作结果的肯定或否定的审判了。并且就多数企业的实际情况而言，大多数情况下他们的分数都不会好，可想而知，他们当然会对这样的绩效管理持抵触的情绪了，而且这样的分数实际上是一次次在打击着员工的信心，当然也就很少有员工喜欢这样的绩效考核了，因为它让员工沮丧的次数肯定比高兴的次数多。

2. 对绩效分数非常敏感

在绩效考核中，绩效考核分数的最重要作用在于核算员工的绩效工资，因此对员工来说，绩效分数高就意味着能拿到完整的绩效工资，或者说有可能的话还能多拿，这也就是为什么员工对绩效结果或绩效分数敏感的原因了，因为它直接影响员工的工资。而从整体上看，在企业推行的绩效考核中，员工非但不能额外地得到绩效考核的好处，反而之前可以全额拿到的工资现在都不一定能够全额拿到了，员工之所以对绩效分数敏感，因为这是他唯一能在绩效考核中争取到的。

当然了，绩效考核对类似销售、产量、质量管理等这些可以方便地用数据来评估的绩效岗位激励往往还是十分有效的。因为这类岗位的工作结果都是数据型的，数据较为客观，因此绩效也都是可以用数据来衡量的，这就解决了企业追求绩效结果公平和准确的问题，从而能够实现企业所有者在引入绩效考核时的预期目标。

（六）绩效考核效果

1. 预期效用逻辑

该阶段的绩效管理目的是为了解决企业发放工资和福利等待遇的公平性问题，解决企业因这些分配的不公平性而降低员工工作的积极性，所以，企业所有者在引入绩效考核的时候希望通过绩效考核实现员工的分配公平，再通过公平来激励员工，实现员工在企业中多劳多得和奖勤罚懒，最终达到激励员工并促进企业业绩提升的目的（见图5-3）。

| 绩效结果公平 | 薪酬福利等待遇公平 | 实现奖勤罚懒 | 激励员工多劳多得 | 企业业绩得到提升 |

图5-3 绩效考核的效用逻辑

从上述绩效考核的逻辑中可以发现，公平是该绩效逻辑的起点，也是该逻辑的关键点所在，因为公平是直接与后面的激励相关，且最终会影响企业的业绩和发展。从企业实施的情况看，绝大多数企业所有者都能够认识到这个关键点，也因此绝大多数企业在进行绩效考核的时候都特别强调绩效指标最好是可以量化的，这样的绩效考核结果才能尽可能保证公平。

2. 实际效果事与愿违

多数绩效考核的实施效果与企业所有者引进绩效考核时的预期有较大的差异。从企业所有者的角度来说，其关注的是绩效考核的公平性，因为他们相信绩效结果的公平性是其激励逻辑能够得到实现的关键。而对于员工来说，他们关注的却是在这个绩效考核中，他们能够得到什么？或者将会失去什么？事实是，经过绩效考核后，员工们都开始对绩效考核分数越来越敏感了，因为绩效考核结果成了影响他们最关切的薪酬、福利、职位调整等利益的最直接、最重要的因素，虽然有些企业在实施绩效变革时往往会通过薪酬调整给员工先普涨工资，这样的做法确实能在刚推行绩效考核时，减轻推行的阻力，但其效果只能是暂时的，不能解决甚至是缓解因为绩效考核本身的缺陷而产生的问题。而员工越是对绩效考核分数敏感，越是在意绩效考核分数，甚至有时候一分都要计较，企业就越不想让员工知道绩效考核分数（他们认为这样能减少不必要的麻烦，对他们来说，员工在领工资时发现工资少了就说明其绩效不好，那员工自然就会努力提高绩效了，然而实际上员工的思维并没有这么简单），因为担心员工知道分数后会出现很多问题纠缠不清，从而影响企业管理，所以有的企业不公布绩效分数。

而企业一旦不公布分数，员工就更怀疑这个绩效考核结果，一是会怀疑绩效督导者打分的公平性、客观性；二是怀疑分数的处理与应用有问题。对于前者，这加重了绩效督导者打分时的心理压力，有时候甚至为了平衡关系会不按照员工的实际表现来打分数（因为总会有些员工特别能闹腾，而那些老实人则在这场考核中成为领导平衡分数的牺牲品），久而久之，老实的员工也越来越不满甚至离职，管理者也就越来越头疼；对于后者，员工越是怀疑绩效分数应用存在问题，企业就越倾向把这个处理过程"黑匣子化"，对于这种情况，员工也就越来越不信任企业的绩效考核，甚至会认为考不考核反正都是领导一句话，这时员工反而也就没有了去争取好的绩效结果的动力了，从而绩效考核结果就背离了最初的预期。

3. 所导致的问题

当绩效考核出现问题时，如不及时干预，会严重影响企业的发展。从上述分析看，绩效考核出现问题容易造成的后果主要有：

（1）破坏企业员工之间的相互信任。由于员工都十分关注绩效考核分数，而当前除了能够量化的绩效指标较客观公平外，其余的定性指标基本在绩效考核的绩效评估时很难做到让绩效实施者满意的公平和客观，这就使得绩效分数容易成为绩效督导者与绩效实施者之间产生怀疑和不信任的导火索，随着这种怀疑、不信任逐渐强化，企业中员工之间的信任感将会受到非常大的削弱。

（2）绩效文化容易演变成人际关系文化。从上面的分析可知，缺乏客观、公平保障机制的绩效分数评估是很难得到员工信任的，而这种不信任对于绩效督导者而言更容易诱使他们将绩效评估作为打击异己的工具，从而使绩效考核成为绩效督导者平衡人际关系的工具，注重绩效结果的文化也就很容易演变成注重人际关系的文化，最终妨碍企业的发展。

（3）容易在企业中产生逆淘汰现象。企业中一旦出现以人际关系为主的文化，就会使得那些热衷于处理人际关系的人在企业中的各个部门，甚至是各个岗位得到生存和发展的机会。而在一个企业中，并不是每个部门和每个岗位都需要这样的人才，这样的人才在企业中总有他们适合的岗位，但这样的绩效考核所形成的文化会让所有的部门和岗位都倾向于这样的人才，最终使得那些不善于人际关系处理的人才不能在企业中立足，这就在公司出现了逆淘汰，因为适合岗位的人被淘汰了，而不适合岗位的人则留了下来，并成为企业的骨干。

（七）关键问题分析

为什么企业所有者当初的逻辑不能很好实现呢？

1. 绩效考核难以实现公平

企业所有者将绩效考核可能会形成正向激励的"宝"都押在了客观、公平、合理的绩效分数上，认为只要绩效结果能客观、公平、合理就能得到绩效实施者的认同，从而对绩效实施者实现正向激励。但绩效考核本身缺乏有效保证绩效分数能够得到绩效实施者认同的机制。这时，绩效指标的量化成为信仰绩效考核的企业所有者们实现绩效分数客观、公平、合理，并能得到绩效实施者认同的唯一一根救命稻草，然而事实证明，适当的绩效指标量化确实有助于使绩效分数能够更客观、公平、合理，但过分地追求指标的量化，甚至要求所有指标都量化就有些舍本逐末、缘木求鱼了。

首先，过分追求指标量化本身是一个不可取的行为。在企业的不同岗位和各种各样的工作中，有些岗位的工作结果就是量化的，如销售收入、产量、产品合格率、成本费用控制情况、市场占有率等；而有些岗位尤其是支持性、辅助性岗位的工作内容则更偏定性，如会议准备、文件起草等工作，因此在正常情况下，企业的绩效指标应该是定性指标与定量指标相结合。当然，在具体的绩效考核操作中，人们也在千方百计将定性的指标进行量化，这种量化的结果确实在一定程度上增强了绩效分数的客观性、公平性、合理性，但这却将整个企业放在了数据支撑上，否定了定性指标对企业管理的好处，造成了企业管理的"偏食"，增加了企业的风险。

其次，通过量化指标的方式来解决绩效评估过程中的客观、公平和合理，以获得绩效实施者对绩效结果的认同，实际上并不能解决问题，甚至是没有认识到获得绩效实施者对绩效结果认同的本质是什么。企业所有者认为只要用量化的指标就能保证绩效评估分数的客观、公平和合理，但这个想法实际上不能得到绩效实施者认同。对于绩效实施者而言，只要人参与了评估，其中就会有人为的成分。而实际上，绩效实施者所追求的是一种心理上的对绩效结果的认同，只有绩效实施者认同的公平才算公平。除此之外，不论其他人说结果有多公平，在绩效实施者那里都是不公平的。而绩效实施者的心理认同更多的是要建立在这个过程的参与之中，认同条件假设、认同方法与过程才能最终导出认同结果。因此，一味追求指标的量化是不能有效解决员工对绩效结果认同的问题的。

最后，正如上面所说，就绩效考核而言，出现绩效实施者对绩效结果的不认同是因为绩效考核缺乏保证绩效结果得到认同的机制，这是绩效考核本身就欠缺的，是系统和体系上的问题，不是技术上的问题。因此，企业所有者想通过绩效指标量化的技术措施来解决这个系统上的问题，结果就是问题能在一定时期和一定程度得到解决，但解决不了根本，治标不治本，并且治了一个标后，这个本还会以其他形式表现出来，反复发作，这种解决方式往往是事倍功半、得不偿失。此外，这种通过以指标量化的技术手段来解决绩效考核的系统问题，可以在一定时间和一定程度上缓解企业的绩效考核问题，但这种缓解却掩盖了绩效考核的真实问题，由此企业也就丧失了及时更新绩效体系，更早获得由新的绩效体系为企业所带来益处的机会。

2. 绩效结果难以实现正向引导

绩效考核让绩效实施者所关切的收益都集中在了绩效分数上，所以绩效实施者自然会特别重视分数，确切地说更重视分数的高低，而不是分数的公正，因此对考核分数的过分重视是绩效考核的最直接影响。而绩效实施者对绩效分数的重视又使得原本就经不起推敲的绩效分数评估的客观性、公平性、合理性变得更加脆弱和"见不得光"。此后，随之而来的连锁反应开始在企业中不断累积和蔓延。

按照企业所有者最初的设想，通过这种不确定来激励绩效实施者，让绩效实施者知道干得不好收入就会下降，干得好收入就会上去。绩效实施者能这样做，首先要对绩效分数非常信服，分数低，因为自己的工作没有干好；分数高，因为工作做得好。然而，绩效考核的绩效管理体系做不到这一点，不能让绩效实施者对分数信服，如绩效指标与计划确立时绩效实施者未参与，未能就目标与计划和绩效督导者达成一致；又如绩效评估时的未参与，是很难让绩效实施者认同绩效结果的。

绩效实施者还必须要有改进自己绩效的意愿，这才能实现绩效考核的正激励，即当绩效实施者的绩效分数低了，工资少拿了，绩效实施者就认为是自己工作做得不好，为了拿到更多的工资，于是就改进自己的绩效，这就实现了绩效考核的正激励。但这里面还有一个容易忽略的条件，那就是即使当绩效实施者因为绩效分数低导致工资少拿了，绩效实施者也认识到了这是因为自己绩效不好的原因，那绩效实施者要改进自己的绩效实际上也会进行简单的评估。第一，绩效改进的难度有多大，自己会付出多少，如果绩效改进后所得到的不足以弥补付出的话，相信多数绩效实施者都会自在于当前的绩效水平，宁愿不争取高绩效。说明这有个绩效改进成本的门槛问题，门槛越高，绩效实施者改进绩效的动力就越小；当然门槛低的话，绩效实施者也就愿意改进绩效了。第二，绩效实施者必须要确认他在绩效上所做的改进能够得到绩效督导者的认可，这个非常关键，因为如果员工发现自己在绩效上所做的改进不一定能得到绩效督导者认可的话，也会降低绩效实施者进行绩效改进的动力。

实际上，在绩效考核阶段，完全靠绩效实施者自己去改进绩效，对于大多数绩效实施者来说，其门槛一般都会比较高，因为在一个企业或一个部门中，绩效优秀的与绩效不好的总是少数，当然对他们而言要改进也是有非常大的难度，因为优秀的绩效要改进到更优秀实际上就是一个费效比非常高的行为，除非有更高的激励，否则绩效优秀的绩效实施者自己改进绩效的动力和可能性都是不高的。而对于绩效非常不好的绩效实施者来说就要分两种情况，对于具有潜力的绩效实施者来说靠自己改进应该还是有难度，如果有辅导者的话那当然就是很容易的事情了；而对于不适合在这个岗位上进行工作的绩效实施者而言，其绩效改进的难度是非常高的，多数情况下很难改进。对于大多数绩效一般或者良好的绩效实施者而言，他们的绩效改进费效比也应该是比较高的，因为根据在多数企业的观察发现，完全靠自己主动提升绩效的绩效实施者确实不多。另外，在实施绩效考核的企业中，一般情况下，绩效实施者基本都对完全由自己开展的绩效提升能得到绩效督导者的认可表示怀疑。因为，首先，绩效实施者在改进绩效时完全是由自己发起的，而绩效督导者未参与，这容易引起绩效督导者对绩效改进后的结果不认可；其次，绩效处于良好情况下的绩效改进空间一般不会特别大，也不会特别明显，但绩效实施者因为专注于绩效改进，所以他能很明显地感觉到绩效改进了，然而此时绩效督导者对绩效改进的明显程度的感受会弱于绩效实施者，两者之间对绩效结果的感知存在一定差距，有时候甚至会较大，这就容易让绩效实施者认为这种完全由自己发起的绩效改进不被认可或者被小看的可能性很大，因此完全由绩效实施者发起的绩效改进的可能性会很低。

这就说明，是绩效结果的认同度低、绩效改进的费效比高和风险大阻断了企业所有者引进绩效考核时的理想逻辑。也就是绩效考核最终基本不能有效促进员工改进自己的绩效，或者说这种促进的力度会很弱。

绩效结果的认同度低和员工绩效改进的动力不足是绩效考核出现的两大直接问题。

(八) 绩效考核实施建议

通过分析可以发现，绩效考核在实施的过程中，会随着时间的推移产生许多问题，那么绩效考核还有存在的意义吗？企业还可以使用绩效考核这一管理工具吗？这里给出本书的建议：

首先，绩效考核可作为企业最初开始绩效管理的一种过渡性的、辅助性的绩效管理工具，但不要让它成为企业最终的绩效管理工具，那样的话，会害了企业。所谓的过渡性就是企业在引进真正意义上的绩效管理之前，或者是企业发展到一定阶段开始需要绩效管理了，就可以尝试引进绩效考核。这时的绩效考核的主要目的是让企业开始适应绩效管理，为今后实施真正意义上的绩效管理做好心理上、舆论上等各方面的准备，因此绩效考核在这时只能是过渡性的。所谓辅助性就是，这时的绩效考核适宜在业务部门等那些工作结果就是以数据呈现的部门或岗位使用，一般不宜在整个企业中推广绩效考核，因为在整个企业推广的话就会让绩效考核的弊端尽显无余，不利于企业发展；同时，在这一时期，企业不要过分倚重它来管理企业，绩效结果也只能作为一个应用其他管理工具的辅助性参考。

其次，在应用绩效考核的过程中要充分认识绩效考核本身的不足，条件成熟后要尽早建立科学合理的绩效管理体系。绩效考核本身存在着体系方面的问题，企业所有者对这些要有足够的认识，可以运用一些技术手段来缓解体系上存在的不足，但不能用技术上的手段去解决体系上的问题，那样会得不偿失，而最有效的解决办法就是在条件成熟的时候尽早建立起科学、合理的绩效管理体系，这才是成功企业的选择。

三、绩效考核方法

绩效考核的主要目的在于区分员工工作的优劣程度，并最终以此影响员工的薪酬福利，从而达到激励员工的目的。而为了实现这一目的，企业除了借鉴绩效管理中的关键绩效指标、平衡计分卡、360度评价等方法外，还开发了很多考核方法。下面就简要介绍几种方法，要了解更多的方法，读者可以参考相关书籍。

需要说明的是，此处只是对这些方法作介绍，而不评价这些方法的优劣。

（一）比较法

比较法就是将要评估的每一位员工都与其他员工进行逐一比较而得出绩效结果的方法。在比较的过程中，凡是比对方优秀的就积 1 分，没有对方优秀的就积 0 分。每一位员工都与其他所有员工比较后，就会获得一个分数，这些分数的高低就代表了员工在企业中的绩效水平。

（二）因素法

因素法是将要评价的每一个项目分解成若干因素，并在每一个因素中设置不同等级，并且每一个等级都给出相对应的分数。管理者在进行评价时，根据员工的实际表现，找到相对应的等级和分数即可，最后再将总分相加就得到了员工的考核分数。

举例说明：员工的技能一项可分解成知识、经验两个因素，然后将知识与经验都分成五个等级，知识五个等级的分数分别为 15 分、30 分、45 分、60 分、75 分；经验五个等级的分数分别为 20 分、40 分、60 分、80 分、100 分。在评价时，管理者根据对员工的了解，选择相应的分数，并将分数相加即可。

（三）关键事件法

关键事件法就是在考核初期，由管理者向员工明确每一项工作将要达到的目标，然后在员工工作过程中，管理者需要收集员工对于每一项工作目标所做的关键事件。这些事件必须是能够对工作目标产生关键影响的事件。在绩效考核的时候，管理者根据所记录的员工关键事件来进行评价。

（四）行为描述法

行为描述法是在结合了因素法和关键事件法的基础上所形成的一种考核方法。就是在因素法的基础上，对每一个因素的等级都给出一个目标，然后管理者在员工工作期间，记录好员工的关键事件，并在考核时，根据所记录的关键事件来确定员工在每一项因素中的等级和分数，以此确定员工的考核结果。

第六章　绩效管理

绩效管理分为传统绩效管理和现代绩效管理两部分。本章的重点一是对传统绩效管理进行深入的介绍，并将其与绩效考核进行对比，以帮助读者深入理解传统绩效管理相对绩效考核的先进之处；二是通过深入的分析帮助读者把握绩效管理的本质所在，找到绩效管理体系设计的关键点。此外通过对现代绩效管理的介绍，帮助读者找到绩效管理的发展方向，并进一步深入理解绩效管理。

一、传统绩效管理

（一）绩效管理的定义

绩效管理是在系统上优化了绩效考核所存在的问题后形成的，它在现代企业的管理中有非常强的适应性。绩效管理的定义是：通过定期评估和改进绩效目标实施情况，以实现企业绩效目标有效达成和员工成长。

（二）绩效管理的理念

绩效管理的核心理念是合作、共赢。合作理念是变"单兵作战"为"团队作战"，使绩效得到实现的保证；共赢理念是实现企业发展与员工成长，是大家实施绩效管理的理由。

1. 通过不断提升员工和团队的绩效来提升企业的绩效

在传统的绩效管理理念中，企业所有者认为，企业的绩效是由员工和团队创造的，企业在绩效管理中只要抓住了员工与团队的绩效就抓住了企业的绩效，也就是说，只要员工与团队的绩效都实现了，那么企业的绩效也就实现了，所以在传统的绩效管理中，企业是通过实现员工与团队绩效来实现企业绩效的。

2. 绩效管理是一个不断提升的过程

传统的绩效管理强调要用动态的视角来看待企业的绩效，企业的绩效是一个不断追求和不断实现的过程，绩效提升是没有止境的，所以绩效管理应该是一个循环和不断提升的过程。此外，由于在传统的绩效管理中，绩效管理的对象是绩效，但这个活动本质还是管理，所以绩效管理是个不断优化和改进的过程。也就是说，在绩效管理中，员工和团队的绩效需要在每一个管理周期都要进行改进和提升，这样才能实现员工与团队绩效的不断提升，也才能实现企业绩效的不断提升。

3. 绩效管理要实现企业业绩提升和员工成长的共赢

员工的激励除了拥有更为合理的薪酬福利、职位晋升等手段外，还将员工工作技能提升，也就是员工成长作为了重要的激励手段，对员工实现多元化的激励，避免了绩效考核中所出现的激励完全集中在绩效考核结果的局面。从某种意义上说，传统的绩效管理理念已经有企业所有者与员工共赢的初步观念了，因为它强调了通过员工成长来实现企业的高绩效，但传统的绩效管理中的共赢仍然还有值得提升的空间。因为现阶段的企业所有者只是将员工的成长作为其实现企业业绩的一个手段，而实际上，在未来还应该通过对员工进行需求管理，使企业成为员工满足其需求的一个平台，这时，员工才能与企业实现真正意义上的共赢。

4. 员工的优秀绩效来自管理者与员工的有效合作

通过帮助员工成长，提升绩效能力，推动员工绩效和团队绩效的不断提升，从而实现企业绩效的不断提升。因为企业秉持的是以员工成长为基础的理念，所以在该阶段的绩效管理中，员工认为其除了薪酬福利外，其还能够实现成长，这一方面能够使员工比较容易接受绩效管理，另一方面，员工也不会将过多的精力放在影响其薪酬、福利的绩效结果上，能够让员工的大部分精力放在绩效的实施过程中，从而更有效地保障员工绩效目标的实现以及企业绩效目标的达成。

5. 管理的对象是绩效

绩效管理的管理对象是绩效，这个绩效是通过管理员工的绩效来达成企业的绩效。

（三）绩效管理定位与工作重心

1. 功能定位

（1）绩效管理在该阶段已成为企业实现优质绩效和战略目标的一个重要管理工具，也是企业实现战略目标的一个可靠的、行之有效的管理手段，因此该阶段的绩效管理往往与企业中的战略管理同等重要。

（2）正是由于该阶段的绩效管理已经成为企业的一个战略管理工具，所以其已独立于薪酬管理，与薪酬管理同等重要，不再是薪酬管理的补充，因此绩效管理不是企业管理中的一个激励工具。

2. 工作重心

在该阶段的绩效管理中，企业关注的是员工与团队的绩效，因为企业的理念是通过提升员工和团队的绩效实现能力来确保员工和团队绩效提升，从而实现企业绩效的提升。所以在该阶段的绩效管理中，员工与团队绩效实现能力的提升成为企业重点关注的工作。

绩效管理过程的严格执行和绩效管理体系的实施维护也是该阶段绩效管理的重点工作，因为这些是确保员工和团队绩效能力不断提升，并实现企业业绩提升的关键所在。

（四）绩效管理体系的完善性

该阶段的绩效管理已经拥有了完整的绩效管理体系，各环节都非常完备。

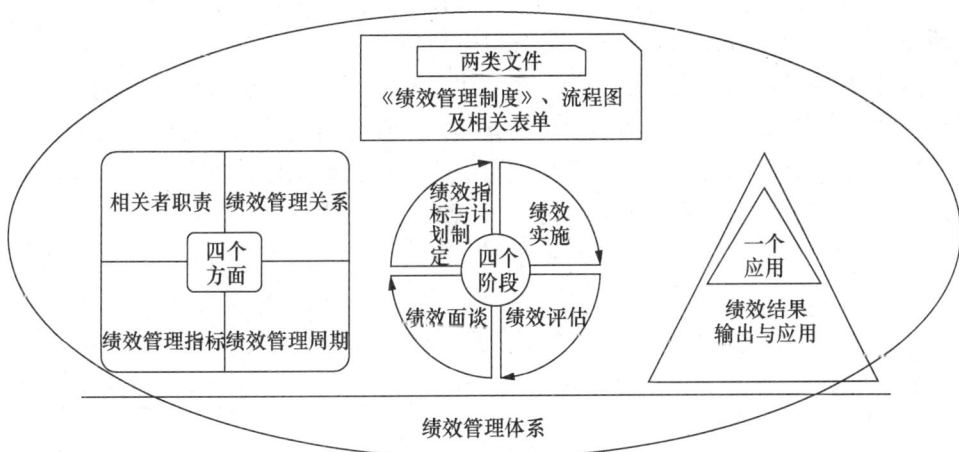

图6-1 传统绩效管理体系的完善性

1. 体系的四个方面——较完善

横向中，绩效管理的相关者职责、绩效管理关系、绩效管理周期和绩效管理指标四个方面基本都已具备。处于该阶段的企业，其内部的组织结构、权责划分等基础管理都已经达到一定程度，因此绩效管理的组织机构职责、绩效管理关系都能够得到合理设置。绩效管理周期也能够根据各方面业务的特点进行设置。绩效指标可能在绩效管理最初还会侧重定量指标，但定性指标也基本能逐渐在绩效管理中发挥应有的作用。

2. 绩效指标与计划制定阶段——仍可提升

在该阶段的绩效管理中，首先，员工与团队的绩效目标来自企业发展战略目标的层层分解，从而保证员工与团队的绩效目标能够始终与企业的发展目标保持一致，也确保当员工与团队的绩效目标实现时，企业的发展目标能够实现。其次，绩效目标由绩效督导者制订出来后，需要与绩效实施者进行深入的沟通，双方要对该目标达成一致的认识。此外，绩效计划包含两方面的内容，一是绩效实施者的绩效任务实施计划，二是绩效实施者的绩效改进计划，这两个计划需要绩效督导者与绩效实施者双方共同来确定。

该阶段的绩效指标一般都是由绩效督导者拟定，绩效实施者在绩效指标拟定方面的主动性不够、参与度不够，所以绩效实施者对绩效指标的认可度虽然通过与绩效督导者的深入沟通能够认可，但认可度还不够高。因此，在绩效指标制定阶段可以让绩效实施者更多地参与，以提高指标认可度。

3. 绩效实施阶段——较完善

在传统的绩效管理中，绩效目标实施阶段在绩效管理体系中是非常关键的一个阶段，因为员工和团队的绩效正是在这个阶段产生的，这个阶段管理得好，员工与团队的绩效结果就有保证，企业绩效也就有保证；这个阶段管理得不好，即使后面的各环节做得再好，也很难弥补该绩效周期内绩效结果不好的损失。在这个阶段中，对绩效督导者而言，主要通过三方面的工作来保证员工和团队绩效目标的达成：一是为员工和团队协调好各方面的资源，为员工和团队绩效的实施提供保障；二是做好员工与团队绩效的实时监控工作，定期了解员工与团队绩效的进展情况，及时为员工与团队绩效提供指导和帮助，以帮助其更好地实现绩效；三是绩效督导者要在绩效实施阶段做好员工与团队在实施绩效过程中的相关记录，这个记录一方面用于绩效评估，另一方面也是进行绩效分析与改进时所不可或缺的资料。而对于绩效实施者而言，则需要在实施绩效目标的过程中保持与管理者的沟通畅通，以获得必要的帮助和指导。

4. 绩效结果评估阶段——较完善

在传统的绩效管理中，绩效结果评估阶段就是绩效督导者与绩效实施者一起就绩效指标与计划制定阶段所制定的目标与计划，和绩效管理期末员工与团队的实际情况进行比较，共同确定绩效目标的达成情况。在这一过程中，绩效督导者一定要就其最终评估的绩效结果与绩效实施者进行沟通，并告知其绩效结果分数的依据，这些依据有很大一方面是来自在绩效实施过程中，绩效督导者所做的记录。通过绩效结果的沟通，绩效督导者要与绩效实施者就绩效实施者的绩效结果达成一致，如果双方实在无法就绩效结果达成一致，绩效实施者则可以提请绩效申诉，由企业专门的绩效管理机构来进行裁决，从而最大限度地保障绩效结果能够公正，并得到双方的认同。

5. 绩效面谈阶段——较完善

绩效面谈阶段是传统的绩效管理区别于绩效考核的又一明显特征所在。在传统的绩效管理中，这一阶段也是实现员工与团队业绩能力提升的重要过程，所以其在传统的绩效管理体系中占有非常重要的作用。该阶段的绩效面谈工作主要包含两步：一是对绩效实施者的绩效结果进行分析和总结，分析在绩效目标达成过程中存在的不足，总结有利的经验；二是绩效督导者辅导绩效实施者制定绩效改进计划，对于具有推广价值的绩效经验进行推广。通过这两步工作，使员工的绩效能力实现成长，使企业的绩效能力得到提升。

6. 绩效结果输出与应用阶段——仍可提升

在传统绩效管理阶段，绩效结果应用过程与绩效考核相比并没有本质上的差别，主要还是应用于员工或团队的薪酬、福利、培训、职位晋升等方面。但在该阶段的绩效应用中，绩效结果对于员工的培训和职位晋升将更有意义，因为在绩效管理中，由于绩效督导者与员工在绩效管理过程中共同参与，所以双方能够更有效地发现绩效实施者甚至是绩效督导者在绩效实施中存在的不足，所以这将使得员工的培训更有针对性。同样对于员工晋升也非常有用，因为在绩效管理过程中，上级管理者更能够清晰地看出绩效督导者与绩效实施者各自的优劣势。

将绩效实施者的绩效结果与员工的薪酬相关联，其好处是能够通过薪酬激励绩效实施者，或者是使企业的付薪更加合理。但也存在问题，由于绩效结果与薪酬挂钩，就会引导绩效实施者更加关注绩效结果本身，而不是这一项工作到底完成得怎么样。因为任何测评的手段都不可能测量出最真实的情况。相对来说能够让员工发自内心地投入到工作中，并想把这项工作做好，这才是最好的效果。因此，绩效结果在薪酬方面的应用还有可以提升的空间。

7. 绩效管理文件——较完善

在该阶段的绩效管理中，由于企业一般都进行了规范化的管理，因此与绩效管理相关的制度和流程一般也会更加清晰和合理。

（五）对绩效督导者的影响

1. 绩效督导者的角色由绩效考核中的法官与裁判转换成了教练

该阶段的绩效管理理念是通过员工和团队绩效的不断提升来实现企业绩效提升，所以绩效督导者的主要目标是帮助员工和团队实现绩效的不断提升，从绩效管理最开始的绩效指标与计划沟通，绩效实施阶段的资源协调、绩效指导，绩效评估阶段与绩效实施者一起对绩效结果的确定，绩效结果的分析与改进等这些活动都说明绩效督导者在该阶段的绩效管理中所扮演的角色是一个教练的角色，辅导并帮助员工和团队提升绩效管理能力。

2. 促进绩效督导者不断提升管理能力

也正是因为绩效督导者的教练角色,对其工作产生了较大的影响。绩效督导者需要更多地参与绩效管理工作,对绩效督导者的管理水平提出更高的要求,这也从客观上推动了企业绩效督导者不断提升管理能力。

(1) 作为绩效督导者,其需要明确知道绩效实施者所在岗位的职责要求和每一期将要达到的绩效目标,并且还要知道达到这样的目标一般需要绩效实施者具备什么样的条件、能力,以及通常需要采取什么样的措施。

(2) 绩效督导者需要更为良好的沟通能力,包括在向绩效实施者进行绩效目标沟通时,能够清晰地向绩效实施者交代绩效目标并辅助制定绩效计划,最终使得绩效实施者能够理解绩效指标的含义;在绩效评估阶段,要能就绩效结果与绩效实施者进行有效的沟通,使绩效实施者更能明白自己的想法,并通过沟通接受绩效结果。

(3) 绩效实施者需要具备良好的组织能力,包括在绩效周期内实现对人力资源和非人力资源进行有效的协调,保证资源使用最有效,保证员工都能人尽其才,绩效实施者所在的岗位要能够最有利于其发挥自己的特长。

(4) 绩效督导者还需要具备较强的分析和解决问题的能力。绩效督导者要能够在绩效管理周期内及时发现可能影响绩效目标实现的问题,并通过协调各方面资源解决问题,从而保证员工和团队绩效的顺利实现。

(5) 绩效督导者需要具备一定的领导能力,其需要能够运用非物质的因素来调动员工的积极性,在精神上激励大家创造出更好的业绩。

总之,高素质的绩效督导者是员工、团队与企业获得高业绩的重要保证,绩效督导者管理素质的不足将会严重影响企业业绩的提升。

(六)对绩效实施者的影响

1. 工作的积极性与主动性得到明显提升

绩效实施者工作的积极性与主动性得到明显提升的原因有以下几方面:一是在绩效管理中,绩效督导者与绩效实施者的沟通非常多,而且在这些沟通中,绩效督导者都是以教练辅导的角色出现,改变了以往上级对下级的形象,从而使得整个绩效管理过程都比较愉快。二是在绩效管理过程中,加大了绩效实施者的参与度,可以说每一步都是以绩效实施者为主,因此绩效实施者在绩效管理中需要进行主动思考,这种责任使得绩效实施者在工作中更加主动。三是绩效管理是以提升绩效实施者的工作能力为目的,这使得绩效实施者在工作时更加有热情,尤其是对于那些渴望实现成长的绩效实施者而言,此影响将更加明显。

2. 绩效实施者能更加理性地对待绩效结果而不再过分纠结于分数

促使绩效实施者更加理性地看待绩效结果的原因也有几方面：一是绩效实施者在绩效管理过程中，都是深度参与每一个环节，并且充分发表了意见，绩效督导者也是通过深入沟通才与之达成一致。这就使得绩效实施者更能认同绩效结果，因为至少这个过程是非常公平的。二是对于绩效实施者而言，绩效结果不再单纯影响工资，还是使其绩效改进、能力提升的一次机会，对于绩效实施者而言，与其和绩效督导者纠结于一些不太重要的分数，还不如得到绩效督导者更有效的工作辅导，所以绩效实施者也不会太过于纠结绩效结果。

（七）绩效管理效果评估

1. 预期效用逻辑

绩效管理的目的有两个：一是企业绩效目标达成；二是员工成长。

（1）企业绩效目标达成。绩效管理通过六个途径助力企业发展（见图6-2）。实际上，绩效管理能贡献给企业的不仅仅是绩效目标的达成，还有企业发展。

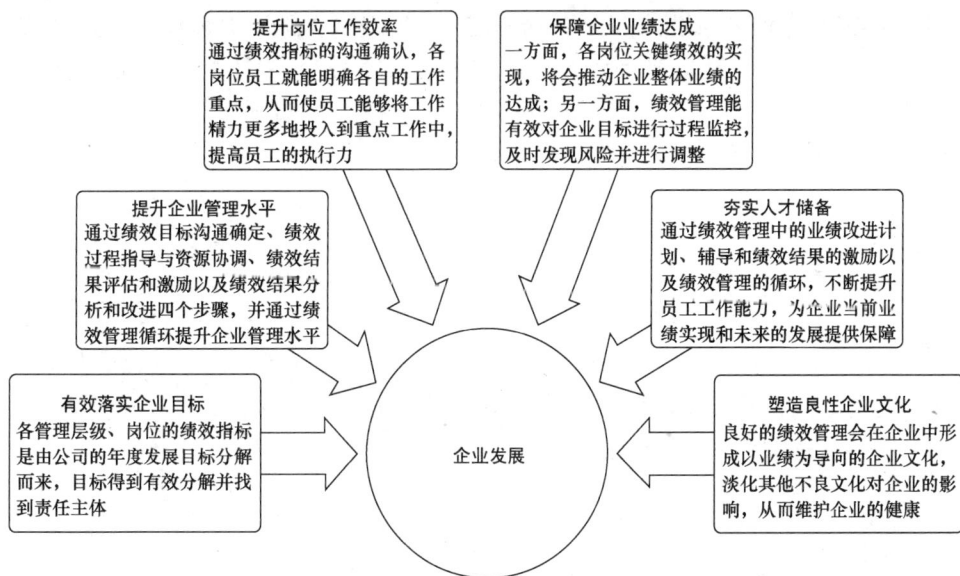

图6-2 绩效管理促进企业发展的六个途径

1）有效落实企业发展战略目标。绩效管理将企业的发展战略目标进行层层分解，最终让这些目标落实到企业中的每一个员工身上，实现企业目标人人承担，并通过每个绩效实施者绩效目标的达成，推动企业总体绩效目标的达成，从而有效保障企业战略目标的实现。

2）提升企业管理水平。绩效管理的本质首先是管理，而通过绩效管理流程的严格执行，能有效培养企业管理层按照科学管理的方法开展管理工作。此外，企业的管理层要开展好绩效管理工作，需要对下属的工作内容、关键点等相关内容做深入了解才能做到，甚至包括开展工作的沟通能力等，绩效管理促使企业的管理者关注这些方面，因而能够有效提高企业管理者的管理水平，从而提高企业的管理水平。

3）提升岗位工作效率，从而提升企业的效率。在绩效管理中，绩效督导者通过与绩效实施者进行绩效指标与计划的确认，不但能让绩效实施者明确知道该阶段工作的重点，以便其将有限的精力投入到最重要的工作中，从而保证工作高效完成。此外，通过绩效督导者与绩效实施者沟通绩效实施计划和绩效改进计划，更能够有效提升绩效实施者用最有效的方法达成绩效目标和实现绩效实施者绩效目标实施能力不断提升，从而提高绩效实施者实施绩效目标的效率，进而使整个企业的效率提升。

4）保障企业业绩达成。在绩效管理的实施阶段，企业会明确要求绩效督导者对绩效实施者的绩效实施情况进行实时的辅导，发现绩效目标实施过程中的问题及时处理，从而确保绩效实施者绩效目标实现，进而确保企业总体绩效目标的达成。

5）夯实人才储备。绩效管理强调实现员工成长，员工成长就意味着企业后备人才不断增强。其手段主要通过绩效督导者对绩效实施者的不断辅导和指导，以及配合企业的培训工作来实现绩效实施者能力的提升。企业绩效实施者的能力不断提升就意味着企业的后备人才逐渐形成。

6）塑造良性企业文化。绩效管理中需要经常性的沟通，通过这些有效的沟通，企业中上下级关系会得到改善。绩效管理还强调员工成长，因此企业容易形成积极向上和学习的氛围。同时绩效管理的业绩导向、目标承担等也会帮助企业树立有责任感的文化氛围，从而引导企业文化走向积极的一面。

（2）员工成长。绩效管理五个方面促进员工成长（见图6-3）。

1）明确努力的方向。通过绩效指标员工一方面能明确自己所在岗位的重点工作都有哪些，另一方面通过与绩效督导者的绩效指标确认，还能知道这些重点工作所需要达到的水平要求。在这些明确之后，有利于绩效实施者明确其在工作中努力的方向，从而使其能够在企业中利用各种机会增强相应的工作能力。

2）积累管理经验。绩效实施者积累管理经验主要是通过与绩效督导者互动中习得。在绩效管理中，绩效督导者会完整地向绩效实施者展示管理工作的各个环节以及相应的操作方法。而绩效实施者通过与绩效督导者的互动，更有利于其学习和掌握相应的管理经验。

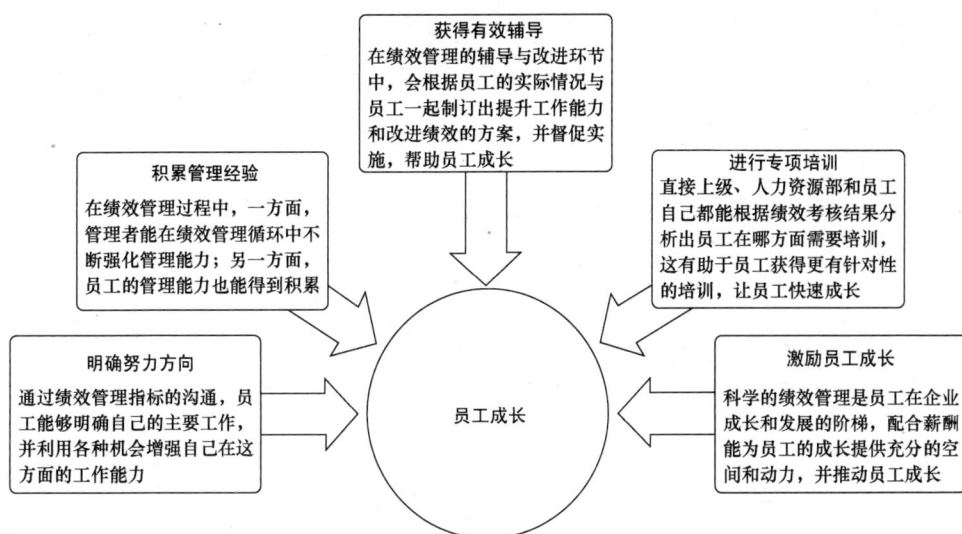

获得有效辅导
在绩效管理的辅导与改进环节
中，会根据员工的实际情况与
员工一起制订出提升工作能力
和改进绩效的方案，并督促实
施，帮助员工成长

积累管理经验
在绩效管理过程中，一方面，
管理者能在绩效管理循环中不
断强化管理能力；另一方面，
员工的管理能力也能得到积累

进行专项培训
直接上级、人力资源部和员工
自己都能根据绩效考核结果分
析出员工在哪方面需要培训，
这有助于员工获得更有针对性
的培训，让员工快速成长

明确努力方向
通过绩效管理指标的沟通，员
工能够明确自己的主要工作，
并利用各种机会增强自己在这
方面的工作能力

员工成长

激励员工成长
科学的绩效管理是员工在企业
成长和发展的阶梯，配合薪酬
能为员工的成长提供充分的空
间和动力，并推动员工成长

图 6 - 3 绩效管理从五个方面帮助员工成长

3）获得有效辅导。在绩效管理中，几乎各个环节都需要绩效督导者与绩效
实施者互动，而绩效指标与计划制定阶段、绩效实施阶段和绩效面谈阶段中更是
要求绩效督导者对绩效实施者开展辅导工作。这些辅导工作能够有助于绩效实施
者成长。

4）进行专项培训。在每一期的绩效面谈阶段，绩效督导者都会与绩效实施
者对绩效结果进行总结分析，并制订相应的绩效计划。通过深入的分析，绩效实
施者更能明确自己需要加强和培训的具体内容，从而使员工更能有效获得专项培
训，进而帮助员工成长。

5）激励员工成长。在绩效管理中，绩效实施者的绩效结果被合理地应用到
薪酬福利、职位升降等管理工具中，进而能够实现对绩效实施者的激励，使绩效
实施者能够更主动地进行自身能力的提升，并实现成长。

2. 基本达到预期效果

从传统绩效管理的实践情况看，其结果基本与其效用逻辑保持一致。

（1）此种绩效管理方式使得企业的绩效管理不再是一个绩效实施者抵触、
绩效督导者觉得麻烦的事情了，在企业中形成了良好的绩效管理文化，使得企业
的绩效管理能够顺利而有效的推行。

（2）随着绩效管理的推行，企业中管理者的管理水平得到了稳步的提升，
企业的业绩也得到了持续的提升，并形成了长足发展的保障。

（3）该绩效管理对员工的激励还存在一定的不足，对于成长型的员工而言，

此种绩效管理对其有较好的激励作用，因为他们更关注自身的成长。而对于非成长型员工而言，此绩效管理的激励性随着时间的推移也逐渐表现出了力不从心，但整体上却并不影响企业绩效管理工作的开展，因此企业需要在员工激励上进行改进和提升。

（4）绩效管理有两个保障机制来保证绩效目标的达成。

1）企业绩效目标的达成保障机制：企业绩效目标分解→组织与员工绩效目标计划制定→绩效目标实施中的关键节点把控（辅导、研讨）→绩效目标达成评估（汇总成企业绩效目标达成）→绩效结果分析与经验总结→企业绩效目标分解→绩效目标计划与改进计划制订……

2）员工成长实现的保障机制：绩效目标挑战→绩效目标实施计划制订→绩效目标实施辅导→绩效结果分析与总结→绩效目标挑战→绩效改进计划制订……

这两个机制是绩效管理目标得以实现的原因所在，通过这两个机制的不断循环，使得企业与员工的目标都能实现。

（八）关键问题分析

传统绩效管理因为其实施效果较好，使用的企业越来越多，但即使是这样较为有效的绩效管理手段，也还存在着不足，企业在运用传统绩效管理时一定要留意这些不足，以防止其给企业带来损害。

1. 警惕产生只关注数据结果的绩效主义

在传统绩效管理中，薪酬福利仍然是绩效结果的主要应用对象，而薪酬福利又使员工十分敏感，敏感会导致员工过分在意绩效指标结果，形成三种隐患：

（1）如果绩效指标分解和设计得稍有偏差和不合理，就很有可能把员工的主要精力引导到与公司绩效目标不一致的地方了。换句话说，员工的绩效结果非常好，企业也为员工支付了超额的绩效工资，但实际上这个绩效结果并没有为企业带来实质性的好处，因为绩效指标并没有将绩效结果与对企业的贡献有效联系起来，结果企业就是"双输"，花了钱，还没有获得员工有效的贡献。

（2）正因为绩效结果对绩效实施者这么重要，而且对多数员工来说，眼前的薪酬福利明显要比企业发展重要得多，所以他们就有充足的理由去做些事情，以便让自己的绩效结果更加有利于自己，结果企业还是"双输"的结局。

（3）绩效实施者责任心可能会降低。由于绩效实施者此时已经非常关注绩效结果，将更多的精力用在了绩效指标目标的达成上，所以绩效实施者更喜欢的是对自己有利的，容易实现的绩效指标。有时候即使绩效实施者知道某个指标最能反映工作贡献，对企业整体目标更有利，但如果这个指标在评估时对自己不太有利，或者自己难以完成的话，那绩效实施者很可能在与绩效督导者选取绩效指标时就会千方百计放弃这个指标，选择那些容易实现和对自己有利的指标，这样就给企业经营带来了隐患。

在绩效管理中，以上三个风险的把控几乎全部在绩效督导者那里，而一个绩效督导者往往面对几个甚至十几个绩效实施者，因此绩效督导者对于每一个绩效实施者的风险把控的精力肯定是相对不足的。更糟糕的是，绩效结果与薪酬福利的强关联又刺激着绩效实施者利用这些隐患，企业的经营管理风险就可想而知了。

2. 初期容易给绩效督导者带来的不适

企业一般在实施绩效管理的初期，绩效督导者会明显感觉绩效管理增加了他们的工作量。为什么在刚开始推行绩效管理的时候，管理者一般会抱怨说该绩效管理增加了他们的工作量呢？甚至会有绩效督导者说这会影响他们自己的工作业绩。出现这种情况的一个很重要的原因是，目前国内很多企业的管理者更多的时候只是一个业务专家，其虽然在管理岗位上，但更多从事的仍然是具体的工作，在其工作中所做的管理工作是非常有限的。

企业在推行传统的绩效管理时，需要充分注重两个机制的建设：一是员工绩效不断提升的机制；二是团队绩效不断提升的机制。所谓员工绩效不断提升的机制，是指绩效督导者与员工一起追求员工绩效不断提升的机制，要做好这个机制的建设与运行工作，首先双方要关注员工绩效的不断提升，将绩效提升作为绩效管理的主要目的，当然在绩效指标的导向上也要关注这一点；其次是绩效督导者与绩效实施者要严格按照绩效管理团队的要求执行绩效管理。所谓团队绩效不断提升的机制，是指企业中各团队的绩效水平能够得到不断提升的一系列程序，多数企业将该程序一般放在总经理办公会（因为团队绩效往往都直接关系到企业的战略管理），由总经理办公会来负责督促企业的团队绩效实现不断提升。

从本书的前面章节中读者可以了解到什么是管理以及管理者应该如何开展管理工作，因此从这个意义上讲，正是因为该绩效管理才让管理者真正的回归到了以管理为主的工作中。对于企业实施此类绩效管理的一个很重要的任务就是尽快让管理者转变其工作方式，提升管理水平，增强其带团队的能力，因为在一般情况下，一个资深的业务员绩效很难胜过一个良好的团队绩效。

3. 绩效结果与薪酬福利结合的激励效果并不理想

在绩效管理的实际操作中，多数企业的绩效结果并不直接反映员工的工作结果，导致绩效结果应用于薪酬福利所产生的激励效果会受到较大影响。

大多数企业由于绩效管理不成熟或绩效管理的操作方便，一般都会选择对员工的绩效结果进行修正或强制排名等，这就使得员工更难以将自己的直接工作结果与自己的薪酬联系起来了。甚至往往会认为自己干得好也不一定能拿到超额奖金，因为最终的分数修正或强制排名不是以自己工作完成的情况而定，而是以自己工作结果在同事中的排名而定；自己绩效目标完成得不好在这种情况下也不一定就意味着自己的绩效工资就要减少，因为自己的绩效结果还要经过修正，虽然绩效实施者的绩效结果不怎么好，只要大家的都没有他好的话，他一样可以拿到好的绩效工资。

这就说明企业用绩效管理激励员工的激励逻辑与实际操作有出入，其原因是实现员工激励的正反馈路径出现了问题。

原本将绩效结果用于薪酬福利的激励逻辑是：绩效实施者干得好，绩效结果就好，其绩效工资和福利就好；绩效实施者工作不好，绩效结果就不好，其绩效工资与福利也就不好。因此，员工要想获得好的薪酬与福利就必须好好工作。

而在绩效实施者的绩效结果后面加上分数修正或强制排名后，实际情况就变成了：员工干得好，绩效结果不一定好，薪酬与福利不一定好；员工干得不好，绩效结果不一定就不好，薪酬福利也不一定就差。因此，当员工想要获得好的薪酬与福利时会犹豫，或者说不再坚信好好工作就会有好的薪酬与福利。

所以，当企业想通过绩效管理与薪酬福利结合来实现对员工的激励时，尤其是在员工绩效分数上运用了绩效分数修正或强制分布等手段后，其激励效果一般都不好。

4. 激励理念仍需提升

此绩效管理之所以对员工的激励会表现不足（虽然其已经在绩效考核的基础上实现了本质上的提升），是因为在传统绩效管理中，一般认为薪酬福利、职位晋升和员工成长是对绩效实施者最有效的激励手段，而实际上这样的情况已经在发生改变。前面我们已经分析过，企业对于员工而言已经不仅仅是一个工作的地方了，或者说工作对员工来说已经不是一个谋生的手段了，而越来越意味着是生活的一部分。员工不仅仅在意工作的结果，能拿多少工资，而且越来越在意工作的过程，因为工作就是生活的一部分；同时，员工对工作过程的重视还意味着企业在激励员工时，可以有更多的激励手段组合，激励效果好，产生的副作用小（绩效考核和传统绩效管理用于激励员工时，其产生的副作用就不小，详见前面分析）。所以企业应该在此基础上重新建立起更好的员工激励理念，或者说让员工满意度高、副作用小的理念。

（九）传统绩效管理实施建议

1. 管理者需要尽快完成由业务专家向管理者转变

此种绩效管理强调的是通过完善有效的绩效管理过程来提高员工与团队绩效，因此需要管理者拥有良好的管理能力，否则员工与团队的绩效提升就可能受到影响。如管理者不能很好与员工沟通业绩目标，或者在员工实施绩效时不能提供指导和协调资源，或者不能就员工的绩效结果进行科学分析等，这些都将影响员工和团队绩效的不断提升，自然也会影响企业业绩目标的不断提升。

2. 绩效结果在薪酬福利中的应用要适中

将绩效结果过分地应用于薪酬福利，或者说加大了员工绩效结果在员工薪酬福利中的影响，其结果只会导致员工将过多的注意力转移到绩效结果上，而不是如何有效开展以及如何有效达成绩效目标上。解决这个问题的根本方法就是降低绩效结果在员工薪酬福利中的影响，以便让员工的主要精力回到实际工作中。这也是解决这个问题的治本方法。

具体做法有两个方面：一是在绩效管理实施初期就要降低绩效结果对员工薪酬的影响；二是在绩效管理成熟后，绩效结果对员工薪酬的影响也应该控制在合理的范围内。

绩效结果在员工薪酬福利中的激励效果应用并不像理论化的假设，加大影响力度，激励效果就越大；实际上更有可能的是，加大影响力度，刺激效果就越大，但导致的结果可能不完全是正向刺激，因为中间的负面激励也会被放大，有时候甚至会对正向激励产生极大的干扰。这与电信领域的信号放大的处理逻辑类似。

当然，读者可能要说了，如果降低了绩效结果在员工薪酬中的影响，那怎么实现员工薪酬的合理发放呢？答案就是可能需要其他管理系统支持了，这个更多的在企业的薪酬管理体系中进行详细的研讨与设计。

3. 尽量不使用绩效分数修正和强制分布等手段处理绩效分数

从前面的分析可知，虽然企业运用绩效分数修正或强制分布等手段能使员工的绩效分数看起来更公平，但实际上却会严重影响员工激励的正向反馈。最终的结果就是，员工的绩效结果看起来公平了，但员工的积极性却并没有得到改善，甚至下降。

因此，企业在开展绩效管理时尽量不要使用绩效分数修正或强制分布等工具，这样才能有效实现绩效结果对员工的正向激励。当然，对于多数企业刚开始实施绩效管理时，可以采用绩效分数修正或强制分布，但运用时间不能过长，企业的管理者也需要明白这些工具所产生的不良影响。

4. 绩效管理理念务必理解到位，并执行好

在实施此阶段的绩效管理时，希望企业的所有者和绩效督导者能够将推动员工成长的理念扎根于心，这样才能真正使此绩效管理所营造的氛围形成良性循环。不要将推动员工成长作为一句空话，当管理者不为员工着想时，又怎么能期

望员工在工作中为管理者着想呢？

5. 绩效管理应与其他管理手段搭配使用

绩效管理归根结底是一种科学的管理方法，这就意味着它具有很强的规律性和可执行性，以及稳定的预期。企业的管理者和员工经过相应的培训后，一般都能够较好地实施，并且基于其对企业和员工的双向友好性，所以绩效管理是企业管理中一个非常好的管理工具。但需要记住的是，企业的成长绝对不能迷信绩效管理，一方面在企业管理中不能过分依赖绩效管理这一个管理工具，企业的成长也非常需要其他管理工具的支持。另一方面，不能过分迷信管理。管理好学好用，但永远也不能替代领导力对员工所产生的影响。因此，企业在开展绩效管理时，尤其是当绩效管理运用成熟后，应该加强领导力或者艺术化管理的培训和提升，当科学化管理和艺术化管理搭配使用时，才能产生更好的效果。

二、现代绩效管理

传统绩效管理正在被越来越多的企业使用，使用效果比较可靠和稳定，但由于传统绩效管理还存在一些不足，所以一些企业和管理机构也在不断创新传统绩效管理，弥补传统绩效管理中的不足，使其更能有效地适应现代企业发展。

（一）现代绩效管理定义

现代绩效管理是传统绩效管理的升级版，但根植于传统绩效管理，与传统绩效管理一脉相承。现代绩效管理主要是指那些在传统绩效管理基础上进行系统性优化后而形成的绩效管理。

不同的企业，由于其自身的性质不一样，所以对传统绩效管理的升级方式与方法也不一样，甚至主要应用的领域也不一样。下面就对在科技企业得到广泛关注，尤其是在互联网企业得到推崇的目标与关键结果（Objective & Key Results, OKR）绩效管理体系做一个简要的介绍。

（二）OKR 介绍

OKR 的全称是目标与关键结果，是在传统绩效管理基础上进行升级改造后形成的一种有效的现代绩效管理。OKR 最早由全球著名的 Intel 公司设计并应用，取得了良好的效果，后来 Google、Facebook 等公司也全面采用 OKR 绩效管理，效果显著。在国内，一些互联网科技企业也正在尝试着使用。

(三) OKR 与传统绩效管理的主要区别

虽然 OKR 根植于传统绩效管理，但通过与传统绩效管理比较，其有几个区别于传统绩效管理的特点。

1. 绩效指标由绩效实施者设计，绩效督导者负责把关

在传统绩效管理中，绩效指标的设计和选取主要是由绩效督导者根据企业战略目标的分解来制订的，包括绩效指标权重、数据处理规则、计分规则等都是由绩效督导者来制订。在初步制订完成后，再与绩效实施者进行沟通和确认。而在 OKR 绩效管理体系中，绩效实施者承担了绩效指标制订的主要工作，绩效督导者只负责把关。

在 OKR 绩效管理体系中，当绩效目标制定以后，绩效实施者要首先根据绩效目标设计出 3 ~ 5 个关键结果指标。这些关键结果指标的要求：一是必须全部量化，指标原始数据采集方便，以便绩效评估时更容易评估；二是必须要相对于目标体现出关键性，也就是说，这些关键结果指标必须能够有效反映出目标的达成情况。

当绩效实施者拟定好关键结果指标后，要由绩效督导者进行把关。绩效督导者在把关时主要注意几个方面：一要确定绩效实施者所提出的关键结果指标的关键性；二要确定绩效实施者所提出的关键结果指标的目标值是否合理，是否能够支撑绩效目标。如果绩效实施者的这些方面存在不足的话，绩效督导者要与绩效实施者进行沟通和调整。

由于 OKR 多用于团队工作环境中，所以在绩效指标制定阶段还可能出现某一位绩效实施者所提出的关键结果指标与其他绩效实施者所提出的关键结果指标相同的情况。在这种情况下，绩效督导者一般会进行沟通，在充分尊重绩效实施者意愿和平衡绩效目标达成情况下进行调整。

除此之外，关键结果指标中各指标的权重、计算方式等的操作方式都与传统绩效管理中的操作方式大致相同。

2. 绩效评估结果更多的代表工作情况，不再应用于薪酬

在传统绩效管理中，绩效评估结果作为绩效实施者绩效工资的发放依据是绩效结果的一个非常重要的应用，在绩效考核阶段甚至有些企业将绩效评估结果在薪酬中的应用作为绩效结果的唯一应用。

而在 OKR 绩效管理体系中，其绩效评估结果不再直接应用于薪酬，绩效实施者的绩效工资与奖金则是通过 Peer Review[1] 来实现的。由于 OKR 在整个企业

---

[1] Peer Review 主要对绩效管理周期内绩效实施者的表现和贡献等进行评价，包括自我评价、有密切工作关系人的评价、直接上级管理者的评价。企业根据几方评价来确定绩效实施者的贡献，并作为绩效工资和奖金的发放依据。

中都透明，每个人都可以方便获得别人的 OKR 记录，因此在 OKR 绩效管理体系中，绩效评估结果及相关记录更多的代表绩效实施者曾经的工作经历，其除了在绩效管理体系中的应用外，如用于绩效改进等，还会被应用在人才评估测评等方面。

3. 100% 的完成目标不是最好，完成率在 60% ~ 70% 才算优秀

在传统绩效管理中，绩效实施者与绩效督导者所追求的是怎么保证绩效目标 100% 的实现，甚至是超额实现。而在 OKR 绩效管理体系中，由于关键结果指标主要是由绩效实施者来制定的，因此，当绩效实施者 100% 的完成关键结果指标所设定的目标时，往往会被认为是其指标目标值设置过低而造成的，说明绩效实施者所设定的目标值没有挑战性。当然，当绩效实施者的目标值完成过低时，如 40% 以下，则绩效督导者就会与绩效实施者一起研究其中的原因。一般来说，当绩效目标值被绩效实施者完成 60% ~ 70% 时，往往被认为是最理想的情况。

4. 工作中的满意度已是重要的激励手段，薪酬激励变为辅助手段

OKR 绩效管理体系与传统绩效管理体系最核心的区别，或者说观念层的区别是对员工激励理念的改变。

在传统绩效管理中，人们认为薪酬福利是激励员工最重要的手段之一，所以绩效评估结果的一个重要应用就是去影响绩效实施者的薪酬福利。薪酬福利的激励逻辑就是当绩效实施者取得好的绩效结果时，就提高其薪酬或奖金；当绩效结果不理想时，就自动降低薪酬福利，通过绩效实施者对薪酬福利的敏感性和薪酬福利与绩效结果的关联性来实现对绩效实施者的激励。前面已经论述了，这种做法可能导致实际绩效效果并不是想象中的那样有效。

而在 OKR 的绩效管理体系中，绩效实施者在绩效目标实施过程中所获得的工作满意度已经成为重要的激励手段，而薪酬在绩效目标达成中的激励已变成辅助手段。

（1）由于绩效实施者在绩效指标制定时能够自己选择绩效指标，并且设置目标值。这就使得其在绩效管理中的参与度增加，与在传统绩效管理中的被动接受绩效指标相比，其对绩效指标与绩效目标相对于传统绩效管理而言具有更高的认可度。同时，由于绩效指标与绩效目标是自己提出来的，所以自己更愿意，也会更加努力地实现它。其中的原理在心理学上能找到答案①，总之，绩效实施者在这个过程中获得了较高的满意度。

（2）绩效实施者所得到的绩效结果更多地被用于证明绩效实施者的工作经历和能力等方面，一般情况下，多数绩效实施者会非常注重自己的能力。因此当

---

① 参考罗伯特·西奥迪尼所著的《影响力》一书。

绩效实施者完成或达到大家认可的绩效目标时，就能代表其能力，故其能够获得极大的满意度。

（3）绩效实施者的绩效薪酬是通过 Peer Review 的方式实现的，而 Peer Review 所评价的更多是绩效实施者在绩效目标实施过程中，协作方对其表现的满意度等方面，而这些方面对于绩效实施者绩效目标的达成更多的是辅助性的。所以薪酬的激励变为辅助性的了。

（四）OKR 与传统绩效管理的相同之处

除了以上那些 OKR 绩效管理体系与传统绩效管理体系存在的差别外，其很多地方实际上都与传统绩效管理保持了一致，或者说得到延续。

1. 企业战略目标仍然是自上而下的分解

在绩效管理体系服务于企业的战略管理方面，OKR 虽然做得比传统绩效管理更彻底①，但其仍然保留了通过自上而下的分解企业战略目标以获得各级绩效目标的方法，从而与传统绩效管理一样，使得企业各管理层级的绩效目标能够很好地支撑企业的发展战略。

2. 仍然是完整的绩效管理体系

OKR 绩效管理体系与传统绩效管理体系一样，都具有完整的绩效管理体系。两者都有绩效管理体系的四个方面、四个阶段、一个绩效结果应用和相应的管理文件。在绩效结果应用中所不同的是，OKR 的绩效结果不再应用于绩效实施者的薪酬中。

3. 绩效结果正在企业中完全透明

在传统的绩效管理中，绩效督导者完成绩效实施者的绩效评估，并得到双方的认可后，也要求将绩效评估结果进行公开，以增强整个绩效管理工作开展的公信力。在 OKR 绩效管理体系中，绩效实施者的评估结果，乃至包括关键结果指标和目标值等文件都全方位公开，以方便相关人员了解某一绩效实施者的绩效情况。

4. 均运用关键绩效指标思想

在传统绩效管理中，现在更多的是采用关键绩效指标的思想，在企业绩效指标设计时，采用更多的关键绩效指标，同时还会结合一些定性指标，以确保绩效指标的关键性，但总数一般在 4 ~ 7 个指标为宜。在 OKR 绩效管理体系中，其关键结果指标的要求则为 4 ~ 5 个，也要求指标不能多。所以两者都借用了关键绩效指标的思想。

---

① 传统绩效管理虽然也主要服务于企业的战略管理，但还在一定程度上为薪酬管理体系服务。而 OKR 则基本上完全服务于企业战略管理，因为其结果不再服务于薪酬管理体系。

（五）OKR 的先进之处

OKR 绩效管理体系与传统绩效管理体系相比，最突出的一点是，OKR 绩效管理体系相比于传统绩效管理体系，更能有效保障企业战略目标的达成和绩效管理实施过程更为和谐。原因有以下几方面：

1. 绩效实施者能够更加专注于自己的绩效目标和绩效工作，从而使得绩效目标的达成更有保证

首先，在 OKR 绩效管理体系中，关键结果指标与指标目标值都是由绩效实施者自己设置的，所以该体系中的绩效评估会更容易得到绩效实施者的认可，因而绩效结果更能代表绩效实施者的能力，绩效实施者为了自己的能力会更专注于自己的绩效工作。其次，OKR 绩效管理体系中的绩效指标设置过程与传统绩效管理中被动地接受更能体现对绩效实施者的尊重，因而绩效实施者的积极性会更高，整个绩效管理工作开展起来也会更加和谐。最后，由于绩效结果并不与薪酬挂钩，所以绩效实施者更能放手专注于自己的工作，从而使绩效实现更有保障，绩效实施者对绩效结果也更加理性和客观，从而避免一些不必要的麻烦。

2. 传统绩效管理的三大隐患都能有效避免，因此绩效目标有效达成的风险更小，也更能有效地防止绩效主义产生

首先，由于 OKR 绩效管理体系下的绩效结果不应用于薪酬，所以绩效实施者就不会主动去做一些仅仅是有利于自己绩效结果的事情，如通过作弊的方式。因为对大部分绩效实施者来说主要的作弊动力已经没有了；同时，高度透明化的绩效管理会让作弊更加容易曝光，因为任何人都可以详细研读绩效实施者的绩效记录。所以，在传统绩效管理中的作弊行为，在 OKR 绩效管理系统中能够得到最大限度的避免。其次，在传统绩效管理中因绩效指标设计偏差，或者是绩效实施者不主动发现或选用有难度的绩效指标问题也能得到很好解决。因为在 OKR 绩效管理体系中，由于没有绩效结果与薪酬挂钩的后顾之忧，绩效实施者更倾向于挑战自己，以证明自己的能力，所以他们会积极主动地发现绩效指标中存在的问题和选用更具说服力的绩效指标，因为这样才能说明自己的能力还可以。

（六）支撑的企业环境

OKR 绩效管理体系虽然具有传统绩效管理所不具有的许多重要优点，但实际上并不是所有的企业都适合选用这种绩效管理工具。因为其对企业的环境有一定要求。

1. 对管理者的要求更高

OKR 绩效管理体系其实是一个比较开放和相对宽松的绩效管理环境，绩效

实施者的自由度相对来说比传统绩效管理中的要大。因此可以说绩效实施者更难以管理和协调，宽松就意味着结果不好预测，所以这就需要管理者必须具备较强的管理能力，甚至是要具备一定的领导能力，这样才能让绩效实施者在宽松的环境中发挥各自的特长，并完成各自的绩效目标。

2. 更适合需要不断提出创意和创新的企业

从 OKR 绩效管理特点中就可以发现，整个绩效管理体系更强调绩效实施者的主动性和创造性，因为绩效实施者需要根据不同的目标来设计相应的关键结果指标。因此，在这样的绩效管理体系下，绩效实施者往往是凭借自己的能力在不断地解决各种各样的问题，所以 OKR 绩效管理体系更适合需要不断提供创意和创新的企业。

（七）对传统绩效管理的启示

OKR 对传统绩效管理的启示主要体现两点，或者说这也是传统绩效管理的改进方向所在：

1. 降低绩效结果在薪酬中的影响力

OKR 绩效管理体系正是去掉了绩效结果在薪酬中的应用，才成功地解决了其相对于传统绩效管理的三个隐患，使得绩效管理结果更有保障性，提高了企业绩效目标达成的可靠性。但由于在传统绩效管理中，或者说在中国当前的管理环境下，目前还不能找到有效替代绩效结果在薪酬管理中的作用，所以完全取消绩效结果在薪酬管理中的应用就不太可能。因此一个可行的办法是降低绩效结果在薪酬中的影响力，具体降低的力度需要企业在绩效管理实践中逐步摸索。

2. 让绩效实施者参与绩效指标制定

OKR 绩效管理体系的另一个优点是通过绩效实施者主动制定关键结果指标来提高绩效实施者满意度与积极性，并借此使得绩效评估结果更具说服力，更能得到绩效实施者的认可。对于这一优点，传统绩效管理可以借鉴。在传统绩效管理中，绩效督导者也可以让绩效实施者围绕绩效目标来设计绩效指标，提高绩效实施者的参与度和积极性，同时提高其对绩效评估结果的认可。

需要说明的是，绩效结果如果没有完全与绩效实施者的薪酬福利剥离开的话，即使让绩效实施者自己来制定绩效指标也不会达到像在 OKR 绩效管理体系下的效果。因为绩效实施者在制定绩效指标时，还是会因为绩效结果会影响薪酬的原因而出现传统绩效管理中的三大隐患。

绩效结果和薪酬的关联程度与三大隐患之间的关系是：绩效结果对绩效实施者的薪酬影响越大，传统绩效管理中三大隐患就会表现得越明显；绩效结果对绩效实施者的薪酬影响越小，传统绩效管理中的三大隐患的表现也就越不明显。

三、绩效管理工具

在企业绩效管理体系设计中，仅仅使用一种工具的情况是比较少见的。多数企业都会在绩效管理体系设计时综合运用一些绩效管理工具，以实现所设计的绩效管理体系更能适合企业的自身情况。下面就简要地介绍一些常见的绩效管理工具。

（一）目标管理

目标管理法的特征有以下几个方面：一是企业制定出总体目标后，总体目标将通过层层向下分解形成部门目标和个人目标。二是在目标管理中，企业鼓励绩效实施者参与目标的制订，因此，在制订绩效实施者绩效指标时，常采取的方式是绩效实施者与绩效督导者围绕着绩效实施者的目标来共同制订绩效指标。三是在绩效评估时，也是绩效督导者与绩效实施者共同讨论绩效指标的实施情况以及绩效目标的达成情况，并据此来完成绩效评估。

（二）关键绩效指标

关键绩效指标的特点主要表现在以下几个方面：一是关键绩效指标的理念是建立在二八法则之上[①]，所以非常强调所设计的指标一定是对工作目标起关键影响的关键指标，同时正因为绩效指标非常关键，所以绩效指标的数量不宜多，一般在 4~7 个为宜。二是关键绩效指标一定是可量化的指标。三是关键绩效指标强调企业绩效总目标由上往下，经过层层分解而形成每一层级的绩效目标。

（三）平衡计分卡

平衡计分卡最明显的特征是其为绩效指标设计提供了一个思考的维度。在平衡计分卡中，评价企业的维度有财务方面、内部流程方面、学习与成长方面和客户方面的指标。平衡计分卡所提供的这些思考维度，能够在企业设计绩效指标时，使企业的指标更全面、合理，从而实现更有效地评估企业实际情况的目的。

[①] 这里的二八法则理念是认为员工有 20% 的关键行为构成了其 80% 的工作结果，因此抓住绩效指标的重点是抓住这 20% 的关键行为。

（四）360 度评价

360 度评价方法所提供的一个最明显的思想是，绩效评估应该综合考虑员工能够影响的各个方面的评价。360 度评价的维度包括员工自我评价、上级领导的评价、下级员工的评价、业务链中上下游员工的评价。通过员工自己和其周围所有员工对其进行评价而得到一个更加合理的评价结果，这是 360 度评价的最核心思想。

从上述所介绍的绩效管理工具中，也许读者已经发现，不论是传统的绩效管理，还是以 OKR 为代表的现代绩效管理体系，都是在综合运用了各种绩效管理工具的基础上根据企业特点设计的，当然这里所说的综合使用一定是对不同工具进行的取长补短。也就是说，没有哪一种绩效管理工具是最有用或者最有效的，根据企业特点所设计出的绩效管理体系才是最有用和最有效的。

体系设计篇

绩效指标与计划制定阶段虽然在每个企业中几乎都有，但实际上能够真正重视该环节的企业却不多，而能够正确开展该环节工作的企业更是少之又少，该环节的工作对企业整个绩效管理工作的效果影响非常大，企业应当重视，并且按照正确的方法进行操作。

在绩效管理体系中，绩效目标实施阶段是很多企业实施绩效管理时都容易忽略的一个环节，但实际上，该环节对绩效管理的目标是否能够实现起着非常重要的作用。

绩效面谈也是企业容易在绩效管理过程中不重视的环节，甚至有些企业直接忽略了该环节，但如果没有该环节，绩效管理水平的提升、企业业绩的提升、员工绩效能力的提升就只能是一句空话。

绩效结果输出与应用虽然几乎所有实施绩效管理的企业都在运用，但很多企业的运用却存在问题，以至出现管理逻辑矛盾的现象，实际上绩效结果的输出与应用是应当遵循一些基本的原则的，也需要与绩效管理设计初衷相符。

本篇将主要介绍常规的传统绩效管理体系是如何设计的，读者可以参照该体系的设计方法，并结合企业实际情况，设计出符合自己需要的绩效管理体系。

第七章 绩效管理体系的三个方面

本章的内容主要是介绍绩效管理体系中的相关者职责、绩效管理关系和绩效管理周期，这三个内容是一个完整绩效管理体系中不可或缺的内容，对绩效管理的有效实施起着非常重要的作用。

一、相关者职责

相关者职责是指企业中与绩效管理相关的机构、绩效督导者、绩效实施者等的相应职责。绩效管理在企业中作为一个体系，不仅需要相关组织机构、绩效督导者和绩效实施者等来构成体系的主体，还需要清晰、合理地界定各主体的职责，这是一个有效的绩效管理体系的基本要求。

一般来讲，一个有效的绩效管理体系中的相关者应该包含绩效管理委员会、组织绩效管理机构、员工绩效管理机构、绩效督导者、绩效实施者[①]。因为企业的绩效管理往往分为组织绩效管理与员工绩效管理，所以这些组织机构也分为两条线，一条线是关于组织绩效管理的；另一条线是关于员工绩效管理的。组织绩效管理是指以企业内部的组织作为绩效管理的对象，常见的有企业的各个部门，如销售部、财务部等，均以部门的绩效作为管理的依据；除了企业中各部门外，企业中因项目而成立的组织也往往作为绩效管理的对象，项目组的绩效则是其绩效管理的依据。员工绩效管理就是将员工作为绩效管理对象，以员工的工作绩效作为绩效管理的依据。在企业的实际管理中，往往是将各组织负责人的业务绩效结果作为组织绩效结果，因为组织负责人在通常情况下的本职工作就是要对组织的业务结果负责。

---

① 企业的绩效管理是一个适应性非常强的管理手段，不同的企业可能存在不同的形式，但都可以在此基础上进行演化和调整。

（一）绩效管理委员会

主要职责：绩效管理委员会往往是一个企业绩效管理工作的最高管理和决策机构；负责审定每年组织绩效管理机构与员工绩效管理机构提出的绩效工作计划，并在年末负责对工作计划的执行情况进行评估和提出意见；负责对每年的绩效管理工作效果进行评估和提出改进意见；负责绩效管理中组织绩效申诉处理和中高层管理者的员工绩效申诉处理；负责企业组织绩效管理与员工绩效管理的协调工作；负责处理其他与绩效管理相关的重大问题。

（二）组织绩效管理机构

主要职责：负责将企业所制定的战略和年度经营计划分解到各组织，实现企业发展目标与企业各组织的绩效联系起来；负责对各组织在绩效目标的实施过程中进行监控，并组织、协调公司各方面的资源对绩效实施过程中出现的相关问题进行及时的处理；负责收集组织绩效结果，并对组织开展绩效评估工作；负责将组织最终的绩效结果提交给员工绩效管理机构；负责组织、协调企业资源，对组织绩效结果展开分析和制定改进计划；负责初步处理组织绩效申诉等。

（三）员工绩效管理机构

主要职责：负责企业绩效管理工作的培训、指导和解释工作；负责企业绩效管理体系的维护、管理工作；负责绩效管理周期中的各阶段组织工作；负责及时解决员工绩效管理中所出现的问题；负责收集相关绩效管理数据，并做好备份；负责做好员工的绩效管理结果应用工作；负责初步处理员工绩效申诉等。

（四）绩效督导者

主要职责：在组织绩效管理机构的组织、协调下，负责组织绩效的实施工作；在员工绩效管理机构的组织、协调下，负责开展下属员工绩效的督导管理工作；负责及时解决绩效实施者在实施绩效过程中所遇到的问题；负责不断提升绩效实施者的绩效水平；负责向组织绩效管理机构或员工绩效管理机构提出绩效管理方面的意见等。

（五）绩效实施者

主要职责：负责绩效目标的实施工作；负责向员工绩效管理机构提出绩效管理改进的建议等。

在相关者职责方面，企业在操作中容易出现的问题往往是各相关者的职责界定不清晰，最终出现扯皮的现象。而在职责界定不清晰的问题中，组织绩效管理机构与员工绩效管理机构往往是最容易出现职责不清的，在这一点上希望企业在推行绩效管理时要特别注意。

二、绩效管理关系

绩效管理关系是用来明确企业绩效管理中，谁应该是谁的绩效督导者，谁应该是谁的绩效实施者以及绩效评估关系的一类约定。

绩效管理关系设计时需要遵循的要点：①绩效实施者的工作向谁提供服务，就由谁来对绩效实施者的绩效进行评估。②绩效督导者要掌握下属的工作内容，绩效督导者越是处于基层管理，这个原则就变得越重要；作为高层管理者，可以不必完全掌握下属的工作内容，但应该非常清楚对下级的工作要求和目标。③在绩效管理关系中应尽量避免互评，这样容易产生相互作弊或者成为双方开展公司政治的一个工具。

绩效管理关系分为两类：一是绩效督导与实施关系；二是绩效评估关系。

绩效督导与绩效实施者关系有如下几个特征：①绩效督导者要对绩效实施者的绩效结果负责，一般绩效实施者的绩效目标来自绩效督导者；②绩效督导者需要对绩效实施者的绩效进行过程督查与工作指导；③绩效督导者需要负责与绩效实施者一起制定绩效实施者的绩效改进计划，并帮助其提升绩效结果；④绩效督导者与绩效实施者在企业的管理关系上是上下级的关系。

绩效评估关系就是绩效实施者的工作是向谁服务的，那谁就应该对绩效实施者的服务水平进行绩效结果评价。绩效评估关系中的评估者与被评估者不一定在企业的管理关系上是上下级关系，但上下级管理关系才能构成绩效督导者与绩效实施者的关系（见表7-1）。

表7-1 两类绩效管理关系

绩效管理关系类别	绩效管理关系的双方	
督导者—实施者	绩效督导者	绩效实施者
评估者—实施者	绩效评估者	绩效实施者

绩效管理关系中的这两种关系在有些时候是同时存在的，如销售人员的绩效指标中一般会有销售额完成率、外部客户满意度两个指标。从绩效管理关系的分

类看，这两个指标都是督导者与实施者关系，督导者一般均是销售人员的直接管理上级，绩效实施者就是销售人员自己；而就评估者—实施者的关系来看，销售额完成率指标的评估者一般就是绩效督导者，但在外部客户满意度的指标中，其评估者就是外部客户了。

多数企业在设计绩效管理关系的时候，都是根据企业现有的管理关系来确定，这种做法是可行的，但要注意的是，所设计出来的绩效管理关系要符合前面提到的几个要点。

三、绩效管理周期

绩效管理周期是指企业的绩效管理多长时间完成一个绩效管理体系纵向上的循环，即完成一个包含绩效指标与计划制定、绩效实施、绩效评估、绩效面谈这四个阶段所需要的时间①，以及绩效周期内的绩效结果输出。企业中常用的绩效管理周期为月度、季度和年度以及根据项目的实际情况而进行的项目实际周期制。

（一）月度

特点：绩效管理在一个月内就要完成一个绩效指标与计划制定、绩效实施、绩效评估和绩效面谈的循环。月度绩效管理周期多用于一些比较容易得到绩效结果的岗位，如多数企业中的基层岗位。

优点：对企业来说，由于多数员工的薪酬是按月发放的，所以实施月度绩效管理周期能够实现员工每个月的薪酬都与其月内的工作结果相关联，这有助于及时对员工实现激励，使激励能够更有效。同时还有利于不增加薪酬等相关管理制度的复杂度。

不足：会增加企业绩效管理部门的工作量和时间紧迫感，即意味着企业负责绩效管理的部门需每个月都要完成一个绩效管理周期循环，在实际操作中，绩效指标与计划制定会占用几天的时间，绩效结果评估也会占用几天的时间，而绩效面谈同样还会占用几天的时间，其总时间往往会在一周以上。也就是说，正常情况下，如果实行月度绩效管理周期的话，绩效督导者与绩效实施者差不多只有两周多的时间是花在绩效实施阶段上，不利于绩效实施工作的开展。

---

① 绩效管理周期中之所以未包含绩效结果输出是因为绩效结果输出基本上与绩效分析和改进阶段同时进行，是两个并行的阶段。

（二）季度

特点：绩效管理完成一次完整的循环所花费的时间为一个季度。这类绩效管理周期可能比较适合工作结果以季度作为核算的岗位。

优点：能够有效减少绩效管理部门的工作量，还能够增加绩效实施阶段的时间，让绩效督导者与绩效实施者能将更多的时间用于绩效实施阶段。

不足：绩效管理周期过长，一方面使得整体的绩效结果要等到一个季度才能知晓，减少了绩效面谈的频次，使绩效提升的效果受到影响；另一方面，由于绩效结果输出的时间间隔太长，不利于薪酬体系中的激励及时兑现，影响激励效果。

（三）半年度/年度

优点：一方面，为绩效管理部门减少了工作负担；另一方面，有利于那些在季度周期内不易获得绩效结果的岗位能够有效进行绩效管理。

不足：绩效管理周期过长，一方面会影响绩效面谈工作开展的频次，从而不利于绩效改进；另一方面则会影响薪酬的激励效果。

（四）以项目为周期

优点：绩效结果非常好评估，因为一般项目结束后其结果就能出来，并且这样的结果更有说服力。

不足：如果项目周期过长的话，也会出现类似季度、半年度/年度绩效管理周期下的不足。

在选择的时候不仅要考虑岗位工作性质，还要考虑企业的整体需求，不能做得过分切合岗位性质要求，而使得整个企业的绩效管理周期变得异常复杂，以至于不利于相关工作的开展。

第八章　绩效指标

绩效指标是企业绩效管理的依据，是整个绩效管理存在的基础。一个企业能够设计出契合企业需要的指标对于企业打造有效的绩效管理体系非常重要。

一、绩效指标体系

（一）何为绩效指标

绩效指标是通过评估的方法来反映被评估者绩效目标完成情况的一种管理工具。绩效指标与绩效目标有直接的关联，一个绩效目标可以由一个绩效指标来承接，也可以将绩效目标分解后由多个绩效指标来对应。如企业的成本控制目标就可以用成本控制率指标来承接；如果企业成本是由原材料成本、设备成本以及管理成本组合而成的话，那么企业的成本控制目标相应地可由原材料成本控制率、设备成本控制率、管理成本控制率来承接，这就是一个绩效目标可由多个指标承接的例子。对于绩效指标而言，一个绩效指标有时候也可以对应多个绩效目标，即一个绩效指标可以反映多个绩效目标。如企业的利润率指标，如果知道了企业的营业额，那么通过企业的利润率指标实际上既反映了企业的利润率水平，也反映了企业的成本水平。

绩效指标设计越合理就越能有效地反映企业被评估者在某一方面的绩效水平，从而达到评估目的；如果绩效指标设计不合理也就不能有效地反映被评估者某一方面的绩效水平，这往往会给企业一个错误的信号，从而影响企业的发展。因此，设计合理或者契合企业实际的绩效指标对于企业打造有效的绩效体系来说就变得非常重要。

（二）企业绩效指标体系

绩效指标是用来反映某一目标完成情况的工具，因此绩效指标与目标有很强的关联。在现代企业中，企业通过组织设计和岗位分析后所形成的岗位说明书明确了各部门和各岗位的主要职责，而部门与岗位职责就能反映该部门和该岗位的主要工作内容，因此工作职责成为了联系绩效指标与工作目标的一个桥梁，因为工作目标是工作职责的目标，由部门职责或岗位职责就能对应到相应的部门工作目标与岗位工作目标，所以部门职责和岗位职责是形成绩效指标的重要依据，通过分析部门职责和岗位职责就能够得到部门的绩效指标与岗位的绩效指标，而建立在各管理层级和各岗位上的所有绩效指标就构成了企业绩效指标体系。这里需要说明的是，企业要建立起绩效指标体系，前提是企业要有清晰的、切实可行的企业发展战略、各部门职责和各岗位职责。企业的各管理层级和各岗位职责不清晰就很难去界定相应的工作职责是由哪个岗位承担，岗位职责不确定，其绩效指标也就没有依附的基础，也就不能得到企业的绩效指标体系。

（三）绩效指标体系实现战略目标的分解与达成

企业绩效指标体系实现企业战略目标自上而下的层层分解与落实；同时，当企业中各岗位绩效目标达成后，也会通过自下而上的路径推动企业战略目标的达成。绩效指标存在的基础是工作职责或部门或岗位职责，在企业中，企业战略目标、部门职责、岗位职责等由上而下形成了一个职责树，依附于此树上的绩效指标也就形成了企业的一个绩效指标体系。当期的战略目标自上而下进行层层分解时，各岗位都能根据自己的岗位职责而获得相应的绩效目标，这就实现了企业战略目标分解到企业中的各个岗位，也使得企业的战略目标不再是企业高管层的事情，而将企业的战略目标变成了全公司所有岗位都分担的局面，有利于企业战略目标的实现，当各岗位绩效目标完成后，各岗位的绩效结果会进行层层传递，最终推动企业战略目标的达成。通过绩效管理，使企业的战略目标管理不再空洞，变得更为清晰和有效。

（四）绩效指标分类

按照绩效指标是否可以量化的标准，绩效指标可以分为定性绩效指标和定量绩效指标；按照绩效指标衡量的是工作的结果还是过程的标准，绩效指标可以分为过程性绩效指标和结果性绩效指标。

1. 定性绩效指标与定量绩效指标

定性绩效指标主要由工作目标设定（GS）指标构成；定量绩效指标则主要

由关键绩效指标（KPI）构成。

定性的 GS 指标：主要是在绩效管理周期开始时，绩效督导者与绩效实施者就某项工作的目标进行定性约定而出现的一类指标。GS 指标的绩效目标常常分成不同等级，每一等级都有一个对应的分数，如 A 档对应的为 110 分[1]，D 档对应的是 50/0 分（一般分两种情况，绩效实施者的工作不合格为 50 分，绩效实施者基本未实施这项工作就为 0 分）。定性指标样例如下：

表 8-1　定性绩效指标样例

序号	类别	指标名称	定性指标得分等级标准					数据来源	指标目标	评估分数	指标权重	指标得分
			A(110分)	B+(100分)	B(85分)	C(70分)	D(50/0分)					
1												
2												

定量的 KPI 指标：是在"二八法则"思想的影响下产生的，也是当前绩效管理使用最为广泛的绩效指标。KPI 强调所提取的指标一定是来自该部门或该岗位的关键职责，也就是那些最能影响部门或岗位绩效目标的岗位职责，关键绩效指标也就从这些职责中提取。KPI 的绩效目标也是由绩效督导者与绩效实施者双方共同约定，但与 GS 指标不同的是，KPI 的绩效目标是定量的，是数字化的，或者是可以通过计算而得到的（见表 8-2）。

表 8-2　定量绩效指标样例

序号	类别	指标名称	指标含义	数据处理规则	计分规则	数据来源	指标目标	评估分数	指标权重	指标得分
1										
2										

2. 结果性绩效指标与过程性绩效指标

结果性指标侧重评估一项工作的结果，如销售额、利润等；过程性指标侧重评估一项工作实施的过程，希望通过评估工作过程来实现对工作结果的评估。但在实际操作过程中，过程性指标与结果性指标的区分难度较大，因为任何工作的结果都是下一项工作的过程，而每一项工作过程都是上一项工作的结果。因此本

---

① 此处的分数为示意性分数，在实际操作时，企业应该根据自己的战略目标、战略目标达成情况与企业整体薪酬的关系来具体确定。

书不建议在绩效指标设计过程中以结果性指标和过程性指标作为绩效指标设计维度，但结果性指标与过程性指标可以在绩效结果分析中使用。

（五）绩效指标设计指导思想与方法

在企业中，如果有清晰和明确的组织、部门职责和岗位职责，那么各部门、岗位的绩效指标可直接从其相应的职责中提取，如果企业当前还没有清晰、明确的部门、岗位职责，一方面企业可以先建立起清晰的部门、岗位职责后再进行各部门、岗位的绩效指标提取；另一方面，企业也可以通过组织研讨的方式来提取出各部门和各岗位的绩效指标。

"二八原则"和关键绩效指标的思想是本书的指导思想，也就是说以关键绩效指标的思维来提取 GS 指标和 KPI，但绩效指标提取仍然是以部门和岗位在企业中的职责和使命为基础。如某企业综合管理部车队队长这一岗位，其岗位职责一般是：根据公司要求，及时为公司的公务出行提供驾车服务；爱护车辆、及时维护保养，做好车辆的清洁卫生工作；遵守交通法规，安全驾车等。在提取该岗位绩效指标前，我们需要明白，企业之所以建立了车队，而且还设置了车队队长一职，那企业到底想让车队为企业做什么样的事，或者提供什么样的服务呢？

一般情况下[①]，企业对车队的核心要求有两方面：高质量的驾车服务；合理的服务成本。对于高质量的驾车服务要求而言，可以分解为出车及时、按时到达、乘坐体验舒适、车辆干净整洁、沟通友好、服务周到等几个具体方面的要求；而合理的服务成本则可分解为车辆每公里油耗费用、每公里维护维修费用和其他费用三项。为了能够测量这些方面的结果，绩效指标可以提取成这样：高质量的驾车服务指标为出车的及时率、按时到达的准确率、乘坐体验的舒适度、车辆卫生情况、驾驶员的沟通体验情况、驾驶员的服务体验情况；合理的服务成本指标则为每公里油耗控制率、每公里维护维修费用控制率和其他费用控制率。

从指标的含义可以看出，这些指标都是一些结果性指标，也就是说当绩效督导者拿到这些指标时，好的、不好的都已经发生了，绩效督导者此时就只能得到这个结果，然后用这个结果去评估绩效实施者的绩效，最后通过绩效结果来影响绩效实施者的薪酬。这就是传统的绩效考核思维，在这样的思维下，绩效指标就只能给企业提供一个用于员工薪酬的结果，而在优秀企业的绩效管理中，这种理念早已被抛弃。本书所强调的理念是，要通过绩效指标去发现导致不好绩效结果的问题，并通过解决这些问题来实现绩效水平的提升。

---

① 在企业提取部门或岗位绩效指标时，为了明确部门或岗位的职责与使命，通常的做法是，通过与企业的管理者进行研讨后得出，在这里我们假定是研讨后的结果。

（六）企业绩效指标设计维度

企业绩效指标设计维度就是指企业在设计绩效指标时应该从哪几个方面去着手。一般而言，绩效指标的设计维度应以企业利益相关方作为参考，从企业所有者、员工、客户、外部环境和制度流程五个方面来设计绩效指标。利益相关方的逻辑是：在符合外部环境要求的前提下，企业所有者依据科学的制度流程，组织员工为市场中的客户提供服务，从而获得属于自己的回报。

1. 企业所有者维度

企业所有者是企业的发起者，它是企业产生的源头和归宿。企业所有者的指标主要是指企业所有者能否获得应有的利益回报，如经营收入、利润率、投资收益等。此维度对一个企业来说是最重要的维度。

2. 员工维度

员工是企业所有者为客户提供服务的主体，是企业所有者获得利益的支撑，因此员工也应该成为绩效管理的一个重要指标维度。员工的指标主要是指员工的工作环境、收益和成长等，如员工职业发展规划体系建设情况等。员工维度的绩效指标可以从员工相对满意度和员工绝对满意度两个方面来考虑。相对满意度是与同行业或同类企业相比，员工的满意度如何，如员工薪酬水平、员工职业发展通道等；绝对满意度则是指员工根据其工作性质或自身的特殊需求是否在企业中得到相应的回报。

3. 客户维度

客户通过购买而获得企业所有者提供的服务，他们是企业收入的来源。客户指标与市场有很大的关系，如产品的市场占有率、客户满意度以及客户的长短期目标是否能够有效满足或者企业给客户提供的是不是企业愿意提供给客户的。

4. 外部环境

外部环境是企业所立足和生存的环境，因此企业需要满足外部环境的各方面要求。这方面的指标包括企业对环境、社会产生的影响，如企业社会责任履行情况等。

5. 制度流程

制度流程是企业所有者组织员工和为客户提供服务的系统规范与约定。这类指标主要用于衡量公司制度是否科学和有效的程度，其指标表述可为人均产值/产量、管理人员人均产值/产量、人均单位时间产量等。这类指标的评价标准可用行业或同类企业的相关数据作为评价标准。也因此，流程制度的管理应该与企业的组织设计和岗位职责管理划为一类，因为它们对企业的运行效率有最直接的影响，且都属于企业的基础建设。而岗位职责中的任职资格、招聘、培训等与人有关的工作才应划为人力资源管理。

（七）指标设计原则

1. GS 指标设计原则

GS 指标设计时所遵循的核心原则是清晰化。由于 GS 指标在评估时是最容易出现的，因绩效督导者与绩效实施者对指标含义和指标的等级标准理解不一致，而造成绩效评估结果难以达成一致。所以 GS 指标在设计时要尽量选择容易理解的指标，使绩效指标尽量清晰。

2. KPI 设计原则

KPI 在设计时所遵循的是 SMART 原则。具体就是要求指标是具体的、是可以度量的、是可以实现的、是现实的以及是有时限要求的五个要求。设计 KPI 时遵循这个原则可以使所设计的指标具有极高的可操作性。

二、绩效评估表设计

（一）绩效评估表的作用与意义

1. 指明工作重点

企业通过绩效评估表向绩效实施者传递工作的重点，使绩效实施者重点关注的工作就是企业当期业绩的重点所在，这样既能确保企业重点业绩能够有效达成，也能使绩效实施者因此而受益。在绩效评估表中，每个绩效指标都有相应的权重，这些权重代表了指标的重要程度，也指明了由指标所体现的某项工作的重要程度。如某部门的部门费用控制指标所占的权重最大，那就说明部门费用控制这项工作在绩效管理当期是一项非常重要的工作，需要绩效实施者花更多的精力来确保该项绩效目标达成。当绩效实施者将此重点任务完成后，由于其权重较大，所以对其绩效结果就更加有利。

2. 开展绩效管理工作的依据

绩效评估表除了为绩效实施者指明当期绩效目标的重点和指导其制定有效的绩效实施计划之外，还是绩效督导者与绩效实施者开展该阶段绩效管理工作的依据。在绩效实施阶段，绩效评估表既是绩效督导者为绩效实施者提供工作指导、相关协调和辅导的依据，更是绩效实施者开展各项工作的目标和依据。在绩效评估阶段，此表更是绩效实施者开展自我评估和绩效督导者进行最终绩效评估的依据。而在绩效面谈阶段，双方所做的绩效总结与分析，以及改进计划都需要依据绩效评估表。因此，绩效评估表是双方开展绩效管理工作的依据，也是企业绩效管理最基本和最重要的文件之一。

（二）绩效评估维度

绩效评估维度一般分为业务指标、管理绩效指标和价值观指标三类。从企业的角度看，企业所有者除了关注员工的业务水平外，一般还应关注员工的价值观是否与企业一致，这是企业所有者关注的两方面，也是企业所有者评价一个员工的两个基本维度。而就管理者而言，其业务指标内容主要包含两个方面：一是其所管理的团队的业务；二是由其自己单独负责的业务。除了包含这两方面内容的业务指标外，管理者开展管理工作，还有管理绩效指标。

也就是说，非管理者的绩效指标维度为业务指标和价值观指标；管理者的绩效指标则为业务指标、管理指标和价值观指标三类。

1. 业务指标

业务指标适用于反映员工个人或管理者团队就业务方面的工作业绩情况，如销售额达成率、产品合格率、人均产值等。

2. 管理指标

管理指标是管理者所具有的指标，该指标主要用于对管理者的管理工作开展情况进行评估，包含管理过程类指标和其他管理指标。管理过程类指标有下属工作目标沟通、传递的有效性、过程辅导工作开展情况、问题分析与解决情况等；其他管理指标有组织协调工作开展情况、下属工作职责的清晰度、组织制度流程的有效性（员工单位产值、员工单位时间产值、因制度流程的原因导致无法有效开展工作的次数或所产生严重影响的情况）。

3. 价值观指标

价值观指标主要是用于考察和培养员工认同企业的文化理念、价值观、愿景等方面指标，企业应该根据自己的价值观来制定相应的具体指标。此类指标在绩效管理实施中可以比业务指标和管理指标的绩效周期更长一些，且指标往往以定性的指标为主。

另外，在一些企业的绩效管理实践中还会用到员工学习类指标。对于此类指标，本书的建议是，学习类的指标不宜成为绩效管理指标，但可以将其作为员工薪酬等级调整、岗位晋升等方面的基本要求，直接将员工学习的具体要求与薪酬等级和岗位任职结合起来。因为绩效结果在薪酬方面的应用更多强调的是业绩，具有很强的结果特征，而学习类指标则更多强调的是能力，但往往好的能力并不一定就意味着好的结果。

（三）绩效评估表

绩效评估表是绩效督导者与绩效实施者开展绩效管理工作的依据，也是企业绩效管理中最基础和最关键的文件之一（见表 8 - 3）。

表 8 - 3 绩效评估表样例

当期绩效管理起止时间： 年 月 日至 年 月 日										
绩效实施者	部门： 岗位： 姓名：				当期绩效评估总分：					
绩效督导者	部门： 岗位： 姓名：									
序号	类别	指标名称	指标含义	数据处理规则	计分规则		数据来源	指标目标	评估分数	指标权重	指标得分
1	业务										
2	业务										

序号	类别	指标名称	定性指标得分等级标准					数据来源	指标目标	评估分数	指标权重	指标得分
			A(110分)	B+(100分)	B(85分)	C(70分)	D(50/0分)					
1	业务											
2	管理		具体评估在《管理绩效评价表》中完成									
3	价值观		具体评估在《价值观评价表》中完成									
绩效指标确认签字	绩效督导者： 绩效实施者： 签字日期： 年 月 日				评估结果确认签字	绩效督导者： 绩效实施者： 签字日期： 年 月 日					
备注：每一项绩效指标的标准分数均为 100 分。											

绩效评估表中的内容主要分为基础信息、绩效指标信息、确认信息和补充信息四类。

基础信息：包括当期绩效管理的起止时间，绩效实施者的所在部门、所在岗位和姓名；绩效督导者的所在部门、岗位和姓名。

确认信息：包含两部分内容，一是当绩效督导者与绩效实施者就绩效指标信息达成一致的签字确认信息；二是绩效督导者与绩效实施者就当期绩效评估结果达成一致的签字确认信息。

补充信息：主要是指表单最下面的备注信息部分。此部分信息主要用于记录那些无法填入表格中其他部分的信息。如一般情况下此处都会注明一条：每一项绩效指标的标准分数均为 100 分。

绩效指标信息：主要分为定量绩效指标信息和定性绩效指标信息两类，其中序号、类别、指标名称、数据来源、目标值、评估分数、指标权重、指标得分和当期绩效评估总分这几类内容为定量指标与定性指标共有；指标含义、数据处理规则和计分规则则为定性指标所特有；定性指标得分等级标准即标准划分为定性指标所特有。下面对绩效指标信息的各部分做一个详细的介绍：

1. 序号

序号在这里主要是方便《绩效评估表》的使用者快速获得绩效指标数量。常用的序号表示有两种方式：一种是在定量指标与定性指标中分别排序，上面的《绩效评估表》样例就是采用的这种方式。采用这种方式的优点是能使绩效评估表的使用者一下子就知道定量指标与定性指标各自的数量；缺点是绩效指标的总数需要计算才能知道。另一种是将定量指标与定性指标大同排序。采用这种方式的优点是能一下子看出所有绩效指标的数量；缺点是定性指标的数量需要计算才能得到。

2. 类别

绩效指标分为业务指标、管理指标和价值观指标三个维度，而在绩效评估表中为了表格设计需要，常将这三个维度的绩效指标分为定量指标和定性指标两类。在样表中，上面的部分为定量指标，下面的部分为定性指标（管理维度与价值观维度的绩效指标除外，具体详见后面的《管理绩效评价表》和《价值观绩效评价表》）。

3. 指标名称

指标名称就是绩效指标的名称，这里需要说明几点：一是绩效指标在命名时要尽量使名称体现指标所表达的含义，如营业收入增长率、成本控制率、员工成长通道建设情况等；二是指标名称不宜过长；三是指标名称应该选用带有积极意义的表示方法，如当对同一个绩效评估内容既可以表述为达成率和未达标率时就应该选择达成率。

4. 数据来源

数据来源指的是该项指标的原始数据来自何处。常规情况下，尤其是定量指标的数据，如财务数据、市场销售数据、质量合格率数据等都是需要注明这些数据来自公司的哪个部门，也就是要说明该项指标的原始数据以哪个部门提供的为准。定性指标的评价则往往是由绩效督导者直接进行评价，该类指标的数据来源就是绩效督导者。除此之外，有些绩效指标的数据还可能来自会议决议等。

5. 目标值

目标值是该项指标将要达到的标准，这个标准既是绩效实施者在当期绩效管理周期中要完成的目标，也是绩效指标评估的依据。定量指标的目标值设定与定性指标不太一样，在定量指标中，指标的目标值往往是数据化的，如成本控制率的目标值为90% ±5%，销售额的增长率为15%等。在定性指标中，定性指标的目标值就是 100 分，也就是将 100 分作为绩效实施者的努力目标。

6. 评估分数

在定量指标中，评估分数就是指标的原始数据按照数据处理规则处理后，并按照计分规则进行计分后所得到的分数。在定性指标中，评估分数为绩效督导者根据绩效实施者在绩效管理周期内的相应工作结果和表现，在 100 分为标准分的基础上评估而得到的分数。

7. 指标权重

指标权重为定量指标与定性指标所共有，绩效评估表中的所有定量指标与定性指标的权重之和应为 100%。指标权重的比例越大，表明指标越重要，绩效评估表就是通过权重的方式来表明各项工作的重要性。

8. 指标得分

指标得分为一项指标的评估分数与权重相乘所得的分数，该分数是该项指标在绩效评估表中的最终得分。

9. 当期绩效评估总分

当期绩效评估总分为绩效实施者在当期绩效管理中的最终绩效得分，它是由各项绩效指标的指标得分相加而得到。

10. 指标含义

指标含义实际上是对指标名称的补充，是为了详细说明该指标所评估的具体内容。如名称为费用控制率的绩效指标，在其指标含义中就应该明确指标名称中的费用到底指的是哪些费用，即要明确指标的具体内容和边界。

11. 数据处理规则

数据处理规则为定量指标所特有，指的是采集到的指标数据是通过何种方式进行计算才得到该指标值的，如指标销售额增长率的采集数据是当年的销售额和去年的销售额，那么该指标值（销售额增长率）的数据处理规则就应该是销售增长率 =（当年销售额 – 上年销售额）÷ 上年销售额 × 100%；而有些指标是直接根据采集到的数据计算，如指标数据出错次数的数据处理规则就是根据数据出错的次数与目标值之差来计算该项指标得分。总之，指标的数据处理规则可能不一样，但其目的都是说明如何处理采集到的指标数据。

12. 计分规则

计分规则是用来说明采集到的数据经过数据处理规则处理后的指标值是如何转化成绩效评估分数的。常用的计分规则如"指标值比目标值每 ±1%，该项指标分数 100 ±1"，或指标值比目标值每增加 1 次，该项指标得分为 100 – 1 分等，至于是加一分，还是减一分，以及是加两分还是加几分则需要根据实际情况来定。

13. 定性指标得分等级标准

定性指标得分等级标准为定性指标所特有，是定性指标进行绩效评估的依据。定性指标的定性指标得分等级标准分为五个等级，每个等级都应该有相应的描述。绩效督导者在进行绩效评估时按照每个指标的等级要求，并结合绩效实施者的实际表现给出相应的分数。

14.《管理绩效评价表》

《管理绩效评价表》为《绩效评估表》的子表，主要用于对管理者的管理绩效进行评估（见表8-4）。《管理绩效评价表》的评估内容以管理者的管理活动为依据，指标主要是与管理工作开展相关的内容，如任务目标与计划的认同率、工作协调与指导的及时性、工作结果评估的及时性、工作结果评估的认同度、团队工作评价的差异性、评估工作的合理性、团队绩效提升情况等。

表8-4 管理绩效评价表样例

			当期绩效管理起止时间： 年 月 日至 年 月 日							
绩效实施者		部门：	岗位：	姓名：		管理绩效评价总分：				
绩效督导者		部门：	岗位：	姓名：						
序号	类别	指标名称	指标含义	数据处理规则		计分规则	数据来源	指标目标	评估分数	指标权重	指标得分
1	管理										
2	管理										

序号	类别	指标名称	定性指标得分等级标准					数据来源	指标目标	评估分数	指标权重	指标得分
			A(110分)	B+(100分)	B(85分)	C(70分)	D(50/0分)					
1	管理											
2	管理											

绩效指标确认签字	绩效督导者： 绩效实施者： 签字日期： 年 月 日	评估结果确认签字	绩效督导者： 绩效实施者： 签字日期： 年 月 日

备注：1. 每一项绩效指标的标准分数均为100分。

2. 此表为《绩效评估表》的子表，表中管理绩效评价总分即《绩效评估表》中管理指标的评估分数。

3. 表中相关名词解释与《绩效评估表》中相同。

15.《价值观评价表》

《价值观评价表》也是《绩效评估表》的子表，主要用于衡量绩效实施者的价值观与企业价值观的匹配程度（见表8-5）。开展员工价值观评价的企业需要具有清晰的价值观要求，并且将这些价值观进行分解和提炼出能够用于绩效评估的价值观绩效指标。不同的企业所倡导的价值观会有所不同，因此价值观指标在不同的企业中差别较大。如企业倡导的价值观中有尊重一项的话，那么就应该根据企业所规定的尊重的相应规范来设定指标。

表 8-5 价值观评价表样例

当期绩效管理起止时间： 年 月 日至 年 月 日										
绩效实施者	部门：	岗位：	姓名：		价值观绩效评价总分：					
绩效督导者	部门：	岗位：	姓名：							
序号	类别	指标名称	指标含义	数据处理规则		计分规则	数据来源	指标目标	评估分数	指标权重	指标得分
1	价值观									
2	价值观									

序号	类别	指标名称	定性指标得分等级标准					数据来源	指标目标	评估分数	指标权重	指标得分
			A(110分)	B+(100分)	B(85分)	C(70分)	D(50/0分)					
1	价值观											
2	价值观											

绩效指标确认签字	绩效督导者： 绩效实施者： 签字日期： 年 月 日	评估结果确认签字	绩效督导者： 绩效实施者： 签字日期： 年 月 日

备注：1. 每一项绩效指标的标准分数均为100分。

2. 此表为《绩效评估表》的子表，表中价值观绩效评价总分即《绩效评估表》中价值观指标的评估分数。

3. 表中相关名词解释与《绩效评估表》中相同。

（四）组织绩效评估表与员工绩效评估表

在实际操作中，组织绩效评估表常与员工绩效评估表合并使用，如对于企业人力资源部而言，人力资源部的组织绩效评估表实际上与人力资源部经理个人的绩效评估表为同一张表。只是在评估和分数处理的时候，人力资源部的组织绩效评估结果直接选取业务指标的结果作为组织绩效结果；人力资源部经理个人的绩效结果则包含了《绩效评估表》中的所有指标。由于组织绩效指标仅仅是业务类指标，而业务类指标的权重在表中是在管理指标和价值观指标参与的情况下设定的，所以当只选择业务指标时，业务指标的权重之和不会是100%，这时需要将业务指标的权重之和放大到100%，各业务指标的权重也同比例放大，这时各业务指标的指标得分之和就为组织绩效的绩效评估总分了。

第九章 绩效指标与计划制定

绩效指标与计划制定是绩效管理开始的第一个环节，其实施的好坏直接影响整个绩效管理的效果，因此要高度重视。从目前中国大量的企业绩效管理现状来看，这一环节虽然在多数实施绩效管理的企业中都还存在，但其实施的质量却非常不理想，这也是企业的绩效管理难以达到预期效果的重要原因所在。

本章详细介绍绩效管理中绩效指标与计划制定环节的主要工作内容和怎样有效开展这个环节的工作。

一、制定依据与顺序

（一）制定依据

1. 绩效目标来源于企业战略目标

绩效管理的目标与计划制定依据来自企业的战略管理，其最终结果又要服务于战略管理，因此绩效管理是企业战略实施的一个有效工具（见图 9 - 1）。

企业的战略管理一般包含四个过程：战略目标制定、战略目标实施、战略目标评估和战略目标调整。不同类型或规模的企业，其战略管理周期的长短有所不同，一般而言，中小型企业往往是以 3 年目标作为中期战略目标，5 年目标作为长期战略目标；而大型企业有的则是以 5 年作为中期战略目标的时间节点，10年作为长期战略目标的时间节点。

（1）战略目标制定，是指企业通过对内外部环境进行分析后，结合企业的愿景等多方面因素而确定的在一段时期内的发展目标的过程。一些企业依靠自己的管理团队完成该阶段工作，另外一些企业则通过与第三方管理咨询机构合作来完成。

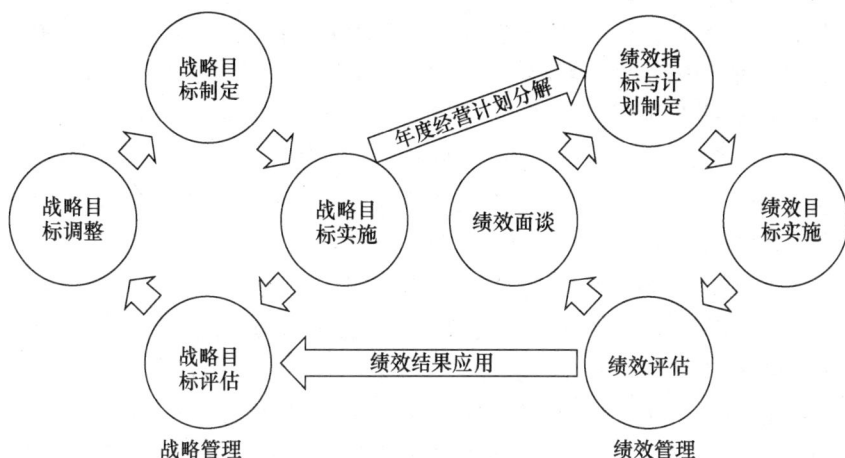

图9-1 战略管理与绩效管理的关系

（2）战略目标实施，是指企业依据已制定的战略目标，将其进行分解和落实的过程。一般情况下，企业制定的战略目标会以年为时间节点进行分解，每年分解后的结果至少应该形成两份文件：一是企业当年的年度经营计划；二是年度预算。这两份文件是企业当年开展一切工作的依据，当然也是作为战略目标最主要实施工具的绩效管理工作的依据。

（3）战略目标评估，是指企业阶段性地对战略目标的达成情况进行评估的过程。由于绩效管理是战略目标实施的最主要手段和工具，所以战略目标评估的结果都是来自绩效管理结果（年度预算的执行情况也是绩效管理的内容之一），因而绩效管理的结果最终也服务于战略管理。

（4）战略目标调整，是指企业根据上一期战略目标的达成结果来对当期战略目标进行调整的过程。在这个过程中，企业需要通过根据内外部环境对当期的战略目标进行评估，以确定战略目标是否需要调整。

综上可见，企业绩效管理的目标与计划制定依据的是企业的战略管理，而绩效管理目标与计划在制定时最直接的依据就是企业当年的年度经营计划与年度预算两份文件。当然了，有些企业可能会因为规模较小或者还处于发展初期等原因而并没有每年都制定年度经营计划和年度预算，这个时候企业的绩效管理依据就只能来自负责经营管理企业的人了。

2. 评估标准来源于企业战略目标与总体薪酬的关系

所谓评估标准，实际上就是绩效目标与绩效分数的关系。在传统的绩效管理阶段，绩效结果运用于薪酬仍然是企业激励员工的重要方式。那么为了绩效结果的激励更加直接和有效，在企业的战略层面首先就要确定出企业总体战略目标与企业总体薪酬的关系。一家企业上年的利润为 1000 万元，企业的总体薪酬为 100 万元，而当年企业在制定战略时就可以约定为当企业的利润达到 2000 万元时，企业的总体薪酬调整为 150 万元，实际上就是当企业的利润增加 1000 万元，企业所有员工的薪酬总额增加 50 万元。根据这样一个关系，企业就可以制定出各层级的绩效评估标准，如业务部门绩效实施者的目标值为上年的两倍时，其绩效评估分数应该为 150 分。一般情况下，当企业的业绩发生爆发性增长时，应该考虑要招收新员工，因此业务部门员工的业绩预得分的比例实际上要降低。当然，所有评估标准都应该以企业战略管理部门和组织绩效部门以及各绩效督导者根据企业实际情况所确定的关系为准。

企业在确定整体评估标准的时候要参照三个方面的因素：一是企业的历史数据和企业自身的能力；二是同行业领先企业的发展情况和规律；三是企业所处的外部环境。企业要结合这三方面的因素制定出合理、可行和有效的评估标准。

（二）制定顺序

绩效指标与计划制定的基本流程应该是先制定组织绩效指标与计划，再制定员工绩效指标与计划，是一个从上至下的过程。

要制定组织绩效指标与计划，首先要在企业中明确哪些管理层级或部门是属于需要进行组织绩效指标与计划制定的。在小企业中，开展组织绩效管理的可能就是公司的各个部门；而在现代集团企业里，可能开展组织绩效管理的组织包括上至企业的 CEO，下至生产车间，以及中间的各个中心、部门、分子公司、分子公司部门等。之所以这些组织要开展组织绩效管理，是因为这些组织直接承担着企业的战略目标，或者说这些组织已经是企业战略管理的直接对象了。

先从上到下地确定企业的组织绩效目标，实现企业战略目标层层分解到企业的组织层面，然后再以各个组织的绩效指标与计划为依据，制定出各岗位员工的绩效指标与计划，这样就实现了企业的战略目标通过组织分解到员工，让企业中的每一位员工都承担起企业的战略目标。

（三）制定意义所在

1. 绩效指标制定是绩效管理成功的关键

绩效指标的制定包含了绩效指标的各个方面，同时绩效督导者与绩效实施者就这些绩效指标进行沟通并达成一致。这些工作对于后面各阶段的工作开展来说至关重要，如这一阶段的绩效指标未能在绩效督导者与绩效实施者之间达成一致或心理上认同的话，那么在绩效评估与绩效面谈阶段双方就很难就绩效结果达成一致，这就使得绩效管理工作难以顺利开展。

2. 实施计划是企业目标与员工目标达成的关键

《绩效目标实施计划》与下一阶段的绩效实施是确保企业绩效目标与员工成长实现的两项关键工作。在该阶段，《绩效目标实施计划》就是绩效目标实施阶段的整个计划，如果这个计划在该阶段制定得非常科学、合理的话，那么企业的绩效目标与员工成长的实现就会更有保障；当然，如果在该阶段未能制定出有效、可行的《绩效目标实施计划》的话，绩效目标的达成就失去了有力的保障。

二、制定的主要内容

在绩效指标与计划制定阶段，绩效督导者与绩效实施者要在绩效指标与计划各方面形成相同的理解，并达成一致。如果绩效实施者在绩效实施阶段还存在一些理解模糊的地方，要及时与绩效督导者沟通确认，以便能够有效地开展绩效目标实施工作。

（一）绩效指标制定

绩效指标制定是确定指标选取、指标含义、数据处理规则、计分规则、数据来源、目标值、指标权重和定性指标得分等级标准八个内容。在确定的过程中应该注意的事项如下：

1. 指标选取

指标选取原则有：绩效指标要关键，指标尽量量化。

（1）绩效指标要关键。一方面是指绩效指标要能够反映最关键的业绩，或者说是对结果影响最为重要的业绩，所选取的指标一定要能够反映该岗位最为关键的职责。另一方面，所选取的指标数量不宜太多，指标数量过多就不是关键指标了，结果会导致最为核心和重要的指标淹没在其他非核心指标中，且往往关键的、核心的指标数量就那么几个。一般情况下，绩效指标的数量为 5~8 个，不宜超过 10 个。

（2）指标尽量量化，但不宜一味地追求指标量化。量化的指标在实际操作中一般具有更高的可操作性，绩效督导者也更容易与绩效实施者就绩效结果达成一致。但有些指标本身性质难以量化，或者量化的成本太高的话，还是应该用定性评价。如发言稿起草的"高度"就是一个很难量化的指标，当然也可以采取成立专家委员会打分的方式来量化，但这样做的成本非常高，费效比高，所以应采取定性评价。实际上，指标是选取量化指标还是定性评价指标并不是绩效管理成败的关键，量化指标有量化指标的不足，定性评价导致人为因素也是可以通过程序的规范来尽量避免，所以不应该一味地追求量化指标。

2. 指标含义

在确定绩效指标含义时，也就是明确指标所包含的内容时，绩效督导者不但要与绩效实施者进行有效的沟通，使双方对绩效指标的含义有相同的理解，还应该在绩效评估表中明确写下来。

3. 数据处理规则

在确定数据处理规则时，应该以上级管理部门或管理者所指定的评估标准为依据，选择合适的数据处理方式，如到底是选择与历史数据相除的增长率，还是选择与历史数据相减的增加值。

4. 计分规则

确定计分规则时，也要根据上级管理部门或管理者所制定的评估标准来制定。一般情况下，绩效评估表中每项指标的基准分均为100分，计分规则也就围绕这100分的基准分进行计分。

计分规则根据指标原始数据的增减性分为三类，每一类所对应的计分规则不一样。

第一类：指标原始数据可增可减的指标。销售额、产品合格率等就属于这类指标，所得到的指标原始数据既可以高于指标目标值，又可以低于目标值，如产品合格率为92%，而当期绩效管理所采集的指标原始数据则可能是87%，也可能是95%。这类指标的计分规则在制定时，指标评估分数可以随着指标原始数据进行增减，如数据处理结果比目标值每±1%，指标评估分数为100±1分。

第二类：指标原始数据仅能减少的指标。数据统计岗位的数据出错次数和档案管理岗位的档案损毁件数等指标就属于这类指标。这类指标的目标值往往设置为0，也就是说不允许出现失误，如果现在还按照第一类指标来制定计分规则的话就会发现，这类指标永远是一个减分指标，也就相当于绩效实施者在该类指标上永远不可能实现加分，这类指标永远没有"卓越"，这显然是不合理的。针对这个问题，此类指标的计分规则除了拥有减分的规则外，还应该有加分的规则，加分规则一般就是当绩效实施者在该类指标上连续一定时间都没有犯错误，那么在绩效当期，绩效实施者的此类指标就可以加一定分数，这就好像我们认为安全行驶上万公里的驾驶员应该被评为优秀驾驶员一样。对于数据统计员的数据出错次数这项指标的计分规则可定为：比目标值每增加1次错误，指标评估分数为100−2分，连续半年到一年期间未出现任何错误，每期指标评估分数为100+5分，一年及以上未出现任何错误，指标评估分数为100+10分。

第三类：指标原始数据仅能增加的指标。针对这类指标，除了参照第一类指标的计分规则在指标原始数据增加时，指标评估分数实现相应的增加外，计分规则还应规定，在连续多长时间为实现数据增加就应该减去相应的分数，如计分规则可制定为：每增加 1 次，指标评估分数为 $100 + 2$ 分，连续两个绩效管理周期未实现次数增加，指标评估分数则为 $100 - 3$ 分。

5. 数据来源

数据来源的确定一般都比较简单，核心原则就是要尽量避免绩效评估所获得的数据不真实，要保证数据的真实性。

6. 目标值

目标值的确定要注意两方面：一是在绩效管理开始实施时，绩效目标值的制定要与历史数据基本保持一致，不应有太大的波动；二是当绩效管理较为成熟后，绩效目标值就应该更多地反映企业的战略目标。

7. 指标权重

在确定绩效指标权重时，需要注意以下几点：

（1）越重要的指标，权重越大。所谓越重要的指标，就是指那些对企业战略目标有着最直接和最重要影响的指标，它们的权重就应该大一些。

（2）绩效实施者越是能有效影响的指标，其权重越大。有些指标，绩效实施者对其的影响有限，或者是绩效实施者无法对这些指标的结果起决定性影响，那么如果有这样的指标，其权重一定要小。而如果是绩效实施者能够直接影响和决定的指标，其权重就应该大一些。

（3）权重不宜少于 5%。在绩效指标权重设计时，通过大量的实践经验证明，当一个指标的权重少于 5% 的时候，就很难获得绩效实施者在绩效实施过程中的重点关注了，因此当绩效指标中出现了权重少于 5% 的指标，那就建议去掉这个绩效指标。

（4）在确定权重时，应该先根据指标评估维度确定出业务指标、管理指标和价值观指标三个维度的各自权重总分，然后再在每一维度中，根据该维度指标的总权重确定出该维度中每一绩效指标的权重。

下面以管理者和基层员工为示例说明。一般情况下，管理者的指标维度为业务指标、管理指标和价值观指标三类，不同工作性质和企业处于不同战略目标下的管理者，其三个维度指标的权重不一样，如业务类管理者的业务、管理和价值观指标的权重可能为 70%、20% 和 10%，行政管理类的三个维度比重则可能为 50%、30% 和 20%。实际上，企业中管理者越往基层，其业务维度指标所占的权重越大，管理维度与价值观维度指标所占的比重越小；而公司的高层则是业务维度与价值观维度指标所占的权重较大。在确定各维度指标权重后，再将这个维度指标的总权重分解到该维度的各个指标中。

基层员工的绩效指标维度一般只有业务和价值观两个维度，其确定方法与管理者绩效指标权重设定方法相同，也是先确定业务与价值观这两个指标维度的总权重，如一般业务维度绩效指标的总权重为80%，价值观绩效指标维度的总权重为20%。确定出这两个维度绩效指标总权重后，再分别确定出这两个维度内各绩效指标的权重。

8. 定性指标得分等级标准

定性指标得分等级标准是定性指标所特有的。一般定性绩效指标分为五个等级和相应的五个标准。在确定定性指标的得分等级标准时，绩效督导者要与绩效实施者进行深入、有效的沟通，因为定性评价的主观性很强，为了降低这种评价的客观性差的情况，所以绩效督导者要与绩效实施者深入沟通，直到绩效实施者完全能够理解和认同绩效督导者对每一个定性指标中五个评估等级的要求。只有双方都在心理上完全理解了指标的定性指标得分等级标准，才会有效减少定性指标评估所带来的客观性差的影响。

定性指标得分等级标准中的具体标准和得分的确定应该以上级管理部门或上级管理者所确定的评估标准为依据，如当期的 A 档是制定成 110 分还是 120 分或者 105 分，以及其他各档的分数都应该以上级的评估标准为依据。

（二）绩效计划制定

绩效计划制定分为两类：一是组织绩效计划制定；二是员工绩效计划制定。

1. 组织绩效计划制定①

组织绩效计划实际上包含两方面的内容，一方面，组织绩效计划的内容来自上一期组织绩效结果的改进计划，如针对上一期组织绩效实施过程中存在的问题所提出的改进办法，或者对于上一期组织绩效管理过程中的好经验的推广策略等②。另一方面，组织绩效计划的内容则来自为有效完成当期绩效目标而制定的绩效目标实施计划，这个计划中包括绩效目标如何分解以及采取什么样的措施来确保目标的实现，这部分的内容对于绩效目标的达成非常关键，因此是绩效指标与计划制定阶段的重要工作。

通过这部分的工作，企业中的各个组织必须要清晰地知道两件事情：一是针对上一期绩效管理的不足如何改进和上一期的经验如何推广；二是当期绩效目标如何实现，要有清晰的、可行的以及上下认可的计划。

---

① 在实际操作中，组织绩效计划制定往往合并在员工绩效计划制定的工作当中。

② 该部分内容实际上就是绩效实施者在上一绩效管理期末的绩效面谈阶段中，与绩效督导者一起制定并确认的《绩效改进计划》。

2. 员工绩效计划制定

员工绩效计划的内容在本质上与组织绩效计划是一样的，也包含两方面的内容：一是针对上一期绩效实施过程中出现问题的改进和有效经验继续使用；二是当期的绩效目标如何实现计划。

这两方面的计划也需要与绩效实施者与绩效督导者双方进行沟通、分析，并最终达成一致，形成一个实施当期绩效目标的可行、有效的计划。

三、具体操作过程

企业的绩效指标与计划的制定分为两类：一是组织绩效指标与计划制定；二是员工绩效指标与计划制定。组织绩效指标与计划制定可能在有些企业中有两个以上的层级，尤其是那些集团型企业，本节仅以中小型企业的部门级组织绩效指标与计划制定为例，大型企业的多层级可在此基础上类推。

（一）部门级组织绩效指标与计划制定

1. 参与者与相应职责

部门级绩效指标与计划制定的参与者一般为参与企业战略管理的高管团队、各部门上级主管领导、企业战略管理部门、企业组织绩效管理部门、人力资源部门等部门。这些都是企业部门级组织绩效指标与计划的执行者，在绩效管理中扮演着绩效实施者的角色，因此他们共有的职责就是，一方面从整体上对企业的部门级组织绩效指标与计划制定，甚至是企业的整个绩效管理工作提出建议；另一方面以部门级组织绩效指标与计划的实施者身份参与整个目标与计划的制定过程中。除此之外，高管团队、各部门上级主管领导、企业战略管理部门、组织绩效管理部门、人力资源部门还有如下职责：

（1）高管团队一般直接参与企业的战略管理和绩效管理，对企业的战略目标和绩效管理负责，因此高管团队是部门级组织绩效目标制定的重要参与者。其主要职责是对部门级组织绩效指标与计划的整个制定工作进行决策，是部门级组织绩效指标与计划制定的决策机构。

（2）各部门上级主管领导是企业部门级组织绩效管理的绩效督导者，负责对各部门的绩效实施进行督促和指导工作。

（3）企业战略管理部门在部门级组织绩效指标与计划制定过程中扮演的角色主要是站在企业战略目标达成的角度去下达企业的年度战略目标，并就企业组织绩效管理部门提交的企业级绩效目标进行商议和确定，最终与企业组织绩效管理部门达成一致，形成企业级绩效指标与计划的初稿，并提交高管团队和总经理办公会等相关会议进行审议。

（4）组织绩效管理部门[①]是部门级组织绩效目标制定的执行者，负责根据战略管理部门提供的年度经营计划与年度预算起草企业级绩效目标，完成起草后与战略管理部门商议，形成初稿后交由公司的高管团队和总经理办公会等会议审核。

（5）由于人力资源部门开展的员工绩效管理直接与部门级组织绩效管理工作相关联，所以在部门级组织绩效指标与计划制定过程中，人力资源部应该全程参与，以方便其开展员工绩效管理工作，使员工绩效管理工作能够很好地与组织绩效管理工作衔接。

2. 时间要求

部门级组织绩效指标与计划制定的时间一般不超过 3 天，员工绩效指标与计划制定的时间一般不超过 1 周。

3. 制定过程

部门级组织绩效指标与计划制定的过程可分为如下几步：

第一步：组织绩效管理部门向高管团队提出部门级组织绩效指标与计划制定申请，经高管团队授权后，向全公司各部门发出部门级组织绩效指标与计划制定工作开始的通知。各部门接到通知后，便开始根据自己的职责开展相应的工作。

第二步：组织绩效管理部门根据战略管理部门所提供的年度经营计划和年度预算等资料制定，包含绩效评估标准的企业年度绩效目标和计划，将年度绩效指标与计划分解成企业中各部门的当期绩效目标，之后将形成的企业年度绩效指标与计划和各部门的当期绩效目标提交至企业的高管团队和战略管理部门审议，审议通过后就进入部门级组织绩效指标与计划的沟通确认阶段。

第三步：组织绩效管理部门先组织一次部门级以上人员参与的部门级组织绩效指标与计划确认宣讲会，首先向各部门通告当期整个部门级组织绩效指标与计划，并与各部门进行深入沟通，要求每个部门的负责人都要清晰地理解整个企业的部门级组织绩效指标与计划。其次，向各部门负责人告知其当期部门级组织绩效目标，并让各部门负责人会后根据自己的绩效目标草拟好实施计划。如果与会者提出了好的建议，那就要及时做相应的调整。

第四步：组织绩效管理部门根据各部门的绩效目标草拟出相应的绩效指标，在各部门主管领导与各部门负责人就绩效指标和计划沟通前，与各部门主管领导

---

① 在中小型企业中，组织绩效管理部门多与战略管理部门合并在一起。

沟通，并初步确定出当期各部门的部门级组织绩效指标（包括含义、数据处理规则、计分规则、权重、目标值等），将这些初步确定的指标填入各部门相应的绩效评估表中，绩效评估表在组织绩效管理部备留一份，给各部门主管领导提供一份。

第五步：组织绩效管理部门组织各部门负责人与其主管领导就各自的绩效指标与计划进行深入沟通与确认。沟通的内容主要有两方面，一是绩效指标，二是绩效目标实施计划。双方达成一致后，要在绩效评估表上相应的位置签字。可将确认好指标的《绩效评估表》和当期《绩效目标实施计划》两份文件都打印三份，每一份都要签字，然后将《绩效评估表》和当期《绩效目标实施计划》给绩效管理部各送一份，部门负责人与部门上级主管领导各自保留一份。

此步骤在企业刚开始实施绩效管理时，由组织绩效管理部门逐个部门组织，并且部门的主管领导与部门负责人在沟通绩效指标和绩效计划的时候，组织管理部门需有人在场，以便对沟通过程进行辅导和帮助，使沟通更规范和有效。企业的组织绩效管理工作成熟后，此步骤可由各部门的主管上级与各部门自行完成，当然，绩效管理部门也可以定期抽查各部门与其上级主管领导的沟通情况。

（二）员工绩效指标与计划制定

1. 参与者与相应职责

员工绩效指标与计划制定的参与者一般为绩效督导者、绩效实施者和人力资源部，他们的职责如下：

（1）绩效督导者在员工绩效指标与绩效计划制定的过程中是员工绩效指标与绩效计划的决策者，他们负责将部门所承担的绩效目标分解到部门内的各个岗位和员工，使部门绩效目标实现分解；并负责确定部门中各岗位员工的绩效指标和绩效目标实施计划。

（2）绩效实施者在绩效指标与计划制定的过程中，负责认领绩效指标，并就绩效目标草拟出绩效目标实施计划。

（3）人力资源部是员工绩效管理工作的组织者，负责组织企业的绩效督导者与绩效实施者开展绩效管理工作。

2. 时间要求

员工绩效指标与计划制定的时间一般不超过2天，部门级组织绩效目标制定的时间一般不超过1周。

3. 制定过程

员工组织绩效指标与计划制定的过程可分为如下几步：

第一步：组织绩效管理部门完成组织绩效指标与计划制定后告知人力资源部，人力资源部开始组织开展员工绩效指标与计划制定工作。人力资源部通知企业全体员工开展员工绩效指标与计划制定工作。

第二步：各级绩效督导者根据自己所负责部门的绩效目标，将其分解到部门中的各个岗位，并草拟出各岗位的绩效指标（包括含义、数据处理规则、计分规则、目标值、权重等）以及《绩效评估表》，然后将草拟的《绩效评估表》提交一份到人力资源部备案，再给部门每位员工发一份其所在岗位的《绩效评估表》。此过程中如有疑问可请人力资源部提供协助。

第三步：人力资源部接到绩效督导者提交的《绩效评估表》后，负责审核该表是否有违反规则和原则的问题；员工接到自己的《绩效评估表》后，就要根据绩效目标初步制定出《绩效目标实施计划》，该计划中应该附上绩效实施者与绩效督导者在上一绩效管理期末（绩效面谈阶段）共同制定并确认的《绩效改进计划》。

第四步：绩效督导者组织绩效实施者就其《绩效评估表》中的绩效指标和其《绩效目标实施计划》进行沟通。如果绩效实施者人数不多，绩效督导者可以采取"一对一"的沟通方式，如果绩效实施者人数较多，绩效督导者可以采取同岗位员工一起的"一对多"沟通方式。沟通达成一致后，双方需要在《绩效评估表》和《绩效目标实施计划》上签字，两份文件在人力资源部留存一份，绩效督导者与绩效实施者各保留一份。企业刚开始进行绩效管理时，建议人力资源部参与此步骤，以便及时提供帮助和指导，确保此步骤工作规范、高效。

四、成果文件与补充说明

（一）成果文件

在该阶段中，绩效管理工作形成的文件主要有两份：一是《绩效评估表》；二是《绩效目标实施计划》[①]。其中《绩效评估表》样例已在前面介绍过，下面是《绩效目标实施计划》的样例（见表9-1）。

---

① 《绩效改进计划》虽然也是该阶段需要使用的文件，但不是在本阶段形成，所以将在绩效面谈阶段介绍。

表 9 - 1　绩效目标实施计划样例

绩效实施者		所在部门		绩效督导者		制定日期	
绩效目标实施主要措施							
绩效目标关键节点							
可能出现的风险及防控措施							
绩效督导者意见							
起止时间		绩效实施者签字			绩效督导者签字		
备注							

（二）补充说明

补充说明主要强调几个方面的内容：

上面的具体步骤都是按照一般情况而定的，实际上不同企业的绩效指标与计划制定过程会有所不同，读者在采纳时应结合自己企业的实际情况。

该阶段工作非常重要，正如本章开始所讲的那样，该阶段的工作开展是否有效直接影响企业绩效管理的成败。而在该阶段工作中，绩效指标的合理制定和绩效指标与绩效目标实施计划的沟通尤为重要。在绩效指标的沟通中，要求达到的效果是绩效督导者与绩效实施者双方在心理上达成一致，要在心理上认同，因此要求双方的沟通必须深入，像定性指标中关于评价标准的沟通，就需要绩效督导者通过举例等方式让绩效实施者明白这五个等级之间的差别，并且要求绩效实施者要与绩效督导者就这五个等级差别的认识达成一致。

《绩效目标实施计划》的沟通中，绩效督导者要对绩效实施者所提出的计划进行认真的思考，评估绩效实施者的计划是否可行，并给出建议，甚至给出更好的实施计划，但最终双方都要就《绩效目标实施计划》达成一致。

五、容易出现的问题与解决办法

有效绩效指标与计划制定对于企业的绩效管理工作开展成功非常关键，但就目前中国企业开展该阶段工作的实际情况看，该阶段工作仍然是大多数企业绩效管理的弱项，其容易出现的问题如下：

（一）绩效指标与计划沟通不深入

在企业的绩效管理中，很多企业的绩效指标与计划制定过程中，绩效督导者与绩效实施者的沟通都不太理想，如双方在绩效指标沟通最容易被忽略的是未能就绩效指标的含义达成一致，绩效指标的数据处理规则与积分规则未进行过数据验证等；在定性指标方面，绩效指标的定性指标得分等级标准则最容易出问题，常见的问题是双方未能就定性指标的具体评价标准达成一致，绩效实施者对于良好、优秀的理解可能与绩效督导者存在较大的差距。这些因沟通不深入所造成的问题最终会为企业绩效管理后续工作开展埋下隐患，如在绩效评估时，绩效督导者所评估的分数可能就很难得到绩效实施者的认可，使得绩效管理工作无法正常开展。

绩效督导者与绩效实施者相比，其在绩效指标与计划制定过程中是主要责任人，他们负责绩效指标与计划制定的拍板，所以当绩效指标与计划制定中出现沟通不深入的问题时，他们应该负主要的责任。那么该如何避免这样的问题呢？解决方法有四种：

1. 领导垂范

绩效指标与计划制定工作是一个自上而下的工作，企业领导在领导层确定绩效指标的时候就应该严格执行该阶段的工作要求，为下级绩效督导者树立榜样。

2. 强化绩效管理理念

企业在开展绩效指标与计划确定工作前，进行绩效管理理念培训和学习，让所有员工进一步认识绩效指标与计划制定工作的重要性和如何开展该阶段工作以及开展该阶段工作应该达到的目标，以期通过培训和学习来保障该阶段工作的质量。

3. 过程管理

前面两项措施都是在增强管理者有效开展该阶段工作的主动性，不具有强制性，而该项措施则是通过企业组织绩效管理部门或人力资源部等外部力量参与，绩效督导者与绩效实施者的沟通过程中，以外部监督的方式确保该阶段工作有效开展。在实际操作中，每一绩效管理周期中的该阶段工作，都可以让企业的组织绩效管理部门和人力资源等部门，随机参与绩效督导者与绩效实施者的沟通过程，通过监督来提升该阶段工作的质量。

4. 问题追责

此种方法是事后监督，企业可以在绩效管理制度中或者就直接在《绩效评估表》中的管理评价指标加入该项工作，如当绩效实施者与绩效督导者无法就绩效评估结果达成一致时，如果绩效申述的结果是因为双方在绩效指标与计划制定时就未能达成一致的话，或者绩效督导者未能有效开展这项工作的话，那么绩效督导者的管理绩效就应该受到影响，通过这种结果的类处罚方式来敦促绩效督导者有效开展该阶段工作。

在实际的运用中，这几项措施可以搭配使用。

（二）《绩效目标实施计划》质量差

《绩效目标实施计划》制定的质量差主要反映在所制定的计划内容不全和计划的可行性差等方面。在一些企业的管理者眼中，可能会觉得计划赶不上变化，计划相对于绩效的实际操作而言作用太小。但在绩效管理实施的成功企业那里，该阶段的绩效目标实施计划是一个非常重要的工作，一方面，通过绩效实施计划，企业的各管理层和各个部门能够围绕着企业的战略目标形成一个统一的计划体系，从而使企业战略目标实现更有保障。另一方面，通过绩效目标实施计划，绩效实施者能够对自己绩效目标的实施有一个清晰的路径，并且通过与绩效督导者的深入沟通，绩效督导者一是可以对绩效实施者的绩效目标实施计划提供有效的指导，使绩效目标实施计划的效用更高；二是绩效督导者能够根据绩效实施者的绩效目标实施计划，为绩效实施者提供更有效的资源协调，从而使绩效实施者的绩效目标实现更有保障。作为企业的管理者而言，其在管理活动中为企业创造的最大价值就在于制定出高价值的计划，让下属以最经济的方式达成目标，因此，质量不高的《绩效目标实施计划》将会对企业的绩效目标实现构成隐患。

针对这样的问题，其解决办法除了前面提到的领导垂范和强化绩效管理理念同样适用外，还有如下解决办法可供参考：抽查检查《绩效目标实施计划》。所谓抽查检查《绩效目标实施计划》就是在开展该阶段工作结束后，企业的组织绩效管理部门、人力资源部门和有关领导等可以对企业中的所有《绩效目标实施计划》进行抽检，研讨其计划的完整性和可行性，并将抽检的结果纳入相应的绩效督导者的管理评价指标中，通过此种方式来提高《绩效目标实施计划》的质量。

（三）员工一味地不认同绩效指标

在绩效管理实践中，有些企业可能会遇到这样的问题，那就是绩效实施者在绩效目标与计划沟通时，很难与绩效督导者就绩效指标达成一致，往往会说目标值定得太高，数据处理规则和计分规则不合理，这样的目标自己很难达成等。当然对于少数员工来讲，希望目标值订得越低越好，计分规则越有利于自己越好。在理论上，这个过程就是企业与员工的一个博弈过程，或者说是绩效督导者与绩效实施者的一个博弈过程，企业尽可能地想让员工做出更大的贡献，而员工当然想自己承担较少的责任了。企业在绩效管理过程中只有极少数员工出现这样的情况是正常的，如果这样的员工人数较多的话，那么就可能是企业的其他管理方面有问题，企业需要深入地研究，找出问题所在并有效解决。

对于类似问题的解决思路是，企业所制定的绩效目标要有刚性，这是企业结合自己战略目标所提出的，绝大多数情况下不容改变，当然企业也需要对这样的目标负责，如绩效目标太高确实不能实现，或者因此使企业朝着错误的方向发展乃至因此而出现企业人员流失，若企业是在评估了这些方面的情况，经过权衡所作出的决定，那么这些决定就是刚性的，不容置疑的，因此绩效实施者在与绩效督导者讨论自己绩效目标的时候一般是不允许对绩效目标进行变更的，毕竟是绩效督导者最终对其绩效目标负主要责任。

第十章 绩效目标实施

绩效目标实施是绩效管理中最为关键的环节，该环节把握不好，企业绩效目标的达成与员工能力的成长就无从谈起。

一、绩效目标实施阶段的重要意义

绩效实施阶段的两个核心目标是企业绩效目标的实现和员工技能的提升，该阶段的所有工作都应围绕这两个核心目标展开。除此之外，有效的绩效实施过程还能促进企业管理水平提升、企业良性文化的形成等。

（一）企业绩效目标达成

企业绩效目标的达成是绩效实施阶段的两大核心目标之一，也是绩效实施阶段的重要意义所在。在该阶段，企业通过对员工的绩效实施过程和组织绩效实施过程的把控，确保企业绩效目标的实现，因此该过程能够有效实施是企业绩效目标是否有效实现的关键所在。

（二）员工实现成长

员工绩效指标与计划的制定以及后期的绩效评估都不是实现员工成长的关键环节，员工通过绩效管理实现技能提升的关键环节有两个：一是在绩效改进计划下的绩效实施阶段；二是绩效评估后的绩效面谈阶段（绩效面谈的主要内容之一就包含绩效结果的分析与总结），因此该阶段的有效实施是员工实现成长的重要环节。

（三）企业管理水平提升

从本书前面对管理的研究可知，企业中有效的管理需要目标计划设定、目标计划实施、实施结果评估、结果评估与改进四个阶段。而在我国的企业管理中，目标计划实施阶段一直是一个缺失项，或者是最不受重视的环节之一，因此在企业的绩效管理中，明确和重视该环节的工作，不仅有利于企业的绩效管理工作，也能使企业重视管理过程中的这个弱化环节，从而帮助企业提升管理水平。此外，该过程的有效实施，也要求绩效督导者经常思考如何与绩效实施者进行有效的沟通，如何激发绩效实施者的工作热情等问题，从而帮助绩效督导者提升自身的管理水平，也有利于提升企业的管理水平。

（四）营造良性企业文化

绩效管理的绩效目标实施阶段中，绩效督导者（往往是企业的管理者）需要按照绩效管理制度的要求定期或不定期地与绩效实施者展开工作方面的沟通和互动，双方需要就绩效目标实施过程中遇到的问题进行分析和解决，在这个过程中，绩效督导者能与绩效实施者形成一个良性互动，减少企业管理者与绩效实施者之间的隔阂，增强企业内部上下级之间的理解，从而有助于企业树立良性的企业文化。

二、绩效目标实施的主要内容

绩效督导者要做好过程的信息记录，如果没有做好这些信息记录（工作日志），那么就无法进行有效的绩效评估。当然更重要的是确保绩效实施者在绩效实施中遇到的问题能够及时解决，保障绩效目标的达成，同时指导绩效实施者工作，帮助其成长。

需要说明的是，在绩效实施过程中，部门的组织绩效督导者与组织负责人的绩效督导者均为组织负责人的直接上级。

（一）绩效督导者的主要工作

绩效目标实施阶段的主要工作内容和工作计划应该包含在绩效督导者所制定的《绩效目标实施计划》中。绩效督导者的《绩效目标实施计划》中就应该包含如何开展绩效实施工作以及相应的时间计划。实际上，对于企业的管理者而言，其本身不仅要扮演好绩效实施者的角色完成属于自己去实施的绩效目标，还要扮演好绩效督导者的角色完成绩效督导工作。就其绩效督导工作而言，主要有以下几项内容：

1. 工作日志

工作日志主要记录两方面的内容：一是有关绩效督导者自己的工作记录；二是绩效实施者的工作记录。这两方面内容的主要用途也有两个：一是用于绩效面谈阶段中的绩效结果分析和总结，工作日志中所记录的数据是绩效结果分析的一个重要参考；二是工作日志中的数据也是绩效评估时的重要数据参考，甚至是有些绩效指标的直接评估依据。为了做好工作日志，需要做好以下几方面的工作：

（1）在记录有关绩效实施者的数据时一定要及时通知绩效实施者，并取得绩效实施者的认同。这里的数据不仅仅是数字，还包括绩效实施者对工作的一些处理方式和所产生的效果等定性描述，但这些描述都应该与绩效实施者达成一致。

（2）对于有过程性的数据而言，当然是过程数据记录的越多越有利于绩效结果分析，但在实际工作中，考虑到绩效督导者的工作量；一般要求绩效督导者至少记录一次过程数据，当然对于有些工作而言，其记录的次数是可以提高的。

（3）在实际工作中，绩效督导者应该根据其所负责的绩效实施者的数量制定出合理的工作日志计划。在绩效目标实施效果较好的绩效实施者那里，可能所花费的工作日志记录时间会少一些，而在一些绩效目标实施效果不稳定的绩效实施者那里，可能所花费的时间要多一些。

2. 组织和协调资源

协调资源就是绩效督导者为绩效实施者顺利完成绩效目标而组织和协调的必备资源。组织协调工作是管理工作中非常重要的一方面，在该阶段中，组织协调工作既包括为了实现组织目标而在全组织范围内实施的组织和协调工作，又包括为了绩效实施者能更好地达成绩效目标而为其开展的资源协调工作，如绩效实施者在开展工作需要其他部门配合时，绩效实施者可以与绩效督导者沟通，请绩效督导者在管理者的层面进行协调，以帮助绩效实施者获得自己所需要的资源；或者绩效督导者在自己所负责的部门内为绩效实施者协调相关资源，以帮助绩效实施者更有效地达成其绩效目标。

3. 协助解决问题

协助解决问题就是在绩效实施者实施绩效目标的过程中遇到问题无法自行解决时，绩效督导者协助其解决问题。协助的方式大致可分为两种：当遇到的是一般的或常见的小问题时，绩效督导者可与绩效实施者一起解决；而当所遇到的问题比较复杂时，绩效督导者则可以协调、组织相关的专业人士通过研讨的方式进行解决。

4. 工作指导与监督

工作指导对于绩效督导者来说是一种常规性工作，它要求绩效督导者在绩效实施者开展工作的时候，对其进行工作方面的指导。在这个过程中，绩效实施者仍然是工作的主角，绩效督导者只是通过告知其经验、方法等方式帮助其解决所遇到的问题，绩效督导者并不实际参与到问题的解决之中。

工作监督主要是绩效督导者按照其工作计划，定期对绩效实施者的《绩效目标实施计划》执行情况进行检查的一项工作，该工作的主要目的是督促绩效实施者按照《绩效目标实施计划》及时落实相应工作，以确保绩效目标的达成，是绩效实施阶段中一个重要和关键的过程监控工作。

5. 员工激励

员工激励是绩效督导者难以掌握，但又对下属工作有效开展起着重要作用的一项工作。这里所指的员工激励，其实质是指在公司所规定的薪酬、福利等常规激励之外，绩效督导者激励员工的一种方式。这种方式更强调精神上、心灵上以及工作氛围方面的激励，需要绩效督导者拥有一定的员工激励技能和相应的品质。在一个企业中，我们也经常发现，在同样的制度下，有些部门的员工工作积极性明显较高，而有些部门员工的工作积极性明显不足，在所有的原因中，绩效督导者的员工激励能力也是造成这种差异的主要原因之一。

（二）绩效实施者的主要工作

在绩效实施阶段，绩效实施者的主要工作有三项：一是绩效计划的实施；二是绩效改进计划的实施；三是提升绩效能力。

1. 绩效计划的实施

绩效计划的实施，是指绩效实施者按照前一阶段所制定的绩效实施计划开展绩效目标实施工作，绩效目标之一如果是产品合格率提升1%的话，那么按照绩效计划应该采取的哪些措施都应该在该阶段付诸落实，不论是工艺的改进还是操作流程的改变，都需要在这时候落实，这就是绩效实施。该类工作的进展情况由绩效督导者定期开展相应的检查工作来确保落实。

2. 绩效改进计划的实施

制定绩效改进计划的主要目的在于提升员工的绩效能力，因此绩效改进计划因绩效实施者的不同而具有非常大的差异性。在绩效管理中，绩效实施者绩效能力的提升不再仅仅是绩效实施者一个人的事情，也是绩效督导者的一项重要工作，绩效督导者也需要按照《绩效目标实施计划》中的相关要求来及时检查绩效实施者的绩效改进情况，并及时提供相应的指导，帮助绩效实施者有效地提升绩效能力。

3. 提升绩效能力

绩效能力的提升最终还是要落到绩效实施者身上，因此绩效实施者在工作过程中，首先要认真、有效执行绩效改进计划，因为绩效改进计划是对上一阶段绩效实施工作的总结和提升。其次，在工作中也要认真总结和不断摸索，找到最能有效实现绩效目标的方法。最后，绩效实施者工作之余最好能通过阅读相关的书籍等方式来提升自己的绩效能力。

（三）确保绩效目标达成与员工成长的核心工作

在绩效目标实施阶段，为了确保企业绩效目标的达成和员工成长的实现，需要做好以下几项核心工作。

1. 确保绩效目标达成的核心工作

（1）及时发现问题并有效解决问题。在绩效目标的实施过程中，及时发现绩效目标实施中可能出现的问题，以及及时针对出现的问题组织制定有效的解决措施，才是绩效目标达成的关键保障。有效的《绩效目标实施计划》只是绩效目标取得成功的第一步工作，及时发现和解决问题才是关键。在整个绩效目标实施阶段，绩效督导者的很多工作都是围绕着这个核心展开的。

（2）绩效目标实施的关键节点把控。绩效督导者对绩效目标实施的关键节点把控也是绩效目标有效达成的核心工作。一个绩效目标实际上往往由多个关键节点组成，把握住了这些关键节点，绩效目标的达成才更有保障。在实际工作中，绩效督导者需要在绩效目标实施的关键节点进行重点把握，如关注这些关键节点工作的进展、思考可能出现的问题、做好相应问题的处理预案等工作。

2. 确保员工成长实现的核心工作

（1）绩效督导者的教练心态。员工的绩效能力要实现提升，需要绩效督导者辅导与帮助，在绩效目标实施阶段，这一点变得尤为重要，也因此绩效督导者需要将自身的角色定位成"教练"，而不是"法官"与"裁判"。绩效督导者只有将自己在绩效管理中的角色定位成教练，才能更好地在绩效实施者的工作过程中给予相应的指导，以帮助其提高绩效能力。绩效实施阶段是绩效管理周期中时间持续最长的一个阶段，该阶段也是绩效实施者实现绩效能力提升的关键阶段，因此非常需要绩效督导者以教练的身份对绩效实施者提供工作指导。

（2）绩效实施者专注于高绩效的工作。绩效实施者绩效能力的提升最本质上还是需要自身有很强的追求，在这种追求的驱使和绩效督导者的有效辅导下，绩效实施者的绩效能力才能得到有效提升。而要具有提升绩效能力的这种欲望，就需要绩效实施者将自己的注意力聚焦在高绩效的目标上，只有绩效实施者专注于追求高绩效的目标，才有更多的可能去追求提升自己的绩效能力。

三、督导方式与实施策略

（一）两种督导方式

绩效督导者常用的督导方式主要有临时督导和定期督导。

1. 临时督导

临时督导就是绩效督导者在未与绩效实施者约定督导时间与周期的情况下，督导者开展的绩效目标实施督导工作。此类督导工作的重点一般在于工作指导、员工激励等日常性工作。常见的如绩效督导者感觉绩效实施者现在的绩效目标实施可能会出现问题，那么就进行临时的绩效目标实施督导工作。

2. 定期督导

定期督导是绩效督导者在与绩效实施者确定《绩效目标实施计划》时就约定好的督导工作，在计划中对于督导工作开展的时间和频次都有明确的要求。开展此类督导工作的时间一般都是绩效目标实施的关键节点，绩效督导者通过在关键节点开展工作指导、协调必要资源和解决相应问题的方式来确保绩效目标的有效达成。

（二）督导方式的实施策略

一般情况下，绩效督导的总体策略是"确保优秀、提升良好、发掘潜力"。

"确保优秀"就是要确保具有优秀绩效结果的绩效实施者继续保持优秀。在该类绩效实施中，绩效督导者一般不需要投入过多的精力进行绩效目标实施督导，只需要绩效督导者在绩效目标实施的关键节点进行有效的督导。

"提升良好"就是要将绩效结果为良好的绩效实施者进行绩效能力重点提升。一方面，绩效良好一般在组织中占据较大的比例，提升了他们的绩效水平，整个组织的绩效水平都能得到提升；另一方面，在这些绩效结果现在为良好的绩效实施者中，有一部分就是下一期的优秀绩效实施者。

"发掘潜力"是指要去发掘那些当前绩效结果不太理想的绩效实施者的潜力，将他们的绩效水平努力往良好的方向提升。

四、容易出现的问题和解决办法

（一）绩效督导者角色错位

绩效督导者在绩效管理中的角色应该是教练，这个教练角色对于企业和绩效实施者来说至关重要。对于企业而言，绩效督导者的教练角色意味着能为企业源源不断地培养出优质业绩的人才，是企业内部人才培养的主要执行者；对于员工来说，绩效督导者的教练角色是员工能力成长，形成和谐上下级关系的重要措施和保障。但在许多企业中，绩效督导者往往将自己定位成"法官"或"裁判"，这样的角色定位在工作中表现为只重视结果，不关注过程，而实际上往往结果也很难保证，且绩效实施者与其很难有效沟通，企业上下不能同心，制约企业的发展。

（二）绩效实施未能有效协作

绩效实施未能有效协调主要表现在，绩效督导者在绩效实施阶段不积极主动关注绩效实施者的绩效目标实施情况，只是被动地执行《绩效目标实施计划》，当然也就未能及时发现相关问题并有效解决，问题如解决也往往是被动的解决，解决周期长，效果不好，绩效目标很难得到提升。对于绩效实施者而言则表现在，在绩效实施过程中遇到自己无法解决的问题，不及时主动与绩效督导者进行沟通以获取帮助，而是等待绩效督导者来发现问题；在工作中不进行相应的总结，不能主动从绩效督导者那里获得更有效的工作方法，致使自己的工作能力长时间停滞不前。

（三）解决办法

针对上面提到的问题，企业可以参考以下几个措施来解决：

1. 弘扬正确的绩效理念

让企业的绩效督导者与绩效实施者拥有正确的绩效理念，并且执行正确的绩效管理理念是解决这类问题最根本的方法，但这种最根本的方法往往见效慢。为了让企业中的绩效督导者与绩效实施者拥有这样的理念，首先，企业的高层需要具有这样的理念，才能形成上行下效的效果；其次，企业可以通过经常组织有关绩效管理理念研讨会，让绩效督导者与绩效实施者就如何开展有效的绩效实施进行研讨，并将形成的结果用于实践，通过这种方式来逐渐让绩效督导者与绩效实施者拥有正确的绩效管理理念。

2. 形成监督机制

形成监督机制虽然能让绩效督导者与绩效实施者拥有正确的绩效理念，从根本上解决问题，而这种方法的操作较为简单，对于纠正非理念性问题，也就是仅仅停在行为层的问题具有非常好的效果。具体做法就是，在绩效实施阶段，让负责组织绩效管理工作和员工绩效管理工作以及企业的高层，不定期地对绩效督导者与绩效实施者在该阶段工作中的表现进行抽查。

为了方便抽查工作和使绩效实施阶段的辅导工作落到实处，可要求绩效督导者在绩效目标实施期间填写绩效辅导记录表（见表 10 - 1）。

表 10 - 1　绩效实施辅导记录样例

绩效实施者		所在部门		绩效督导者		辅导日期	
阶段性工作完成情况自评							
绩效督导者对阶段性工作完成情况评价							
该阶段工作中面临的主要困难							
绩效督导者的指导意见与承诺							
辅导起止时间		绩效实施者签字			绩效督导者签字		
备注							

对于在该阶段工作不到位的绩效督导者与绩效实施者进行相应的处理（处理办法可以以附则的形式附于《绩效管理制度》中），以此形成监督作用，督促绩效督导者与绩效实施者有效开展该阶段工作。

3. 提升该阶段工作的效用

要在企业中形成长期影响力，且操作也比较方便的办法就是将该阶段中绩效督导者与绩效实施者的表现与人力资源管理中的职位晋升、薪酬调整等相关管理挂钩，以此形成对绩效督导者与绩效实施者有效开展该阶段工作的长期引导作用。如在人力资源管理中，员工要实现晋升时，对于管理者而言，该阶段工作是否有效开展是证明一个管理者的管理理念和素质的重要一项；对于员工而言，在该阶段工作表现良好，也能说明该员工具有良好的工作素质。这些方面的评估都可以运用在相应的人力资源管理中，以此引导绩效督导者与绩效实施者有效开展该阶段工作。

第十一章 绩效评估

绩效评估就是在绩效管理周期期末，依据绩效指标与计划制定阶段所确定的绩效目标进行评估，检查绩效目标实施效果的一种行为。在传统的绩效管理中，该阶段工作非常重要，是后续各项绩效管理工作开展的基础。

一、开展该阶段工作所需要的正确理念

（一）应该是绩效结果与绩效目标的比较

传统绩效管理的目的在于不断的绩效评估和绩效改进，不断提升企业的绩效和员工的绩效能力。正是基于此，所以绩效评估的最主要目的是通过将绩效实施者的绩效结果与绩效管理周期之前所设定的绩效目标进行比较，检查绩效目标的达成情况，并形成绩效评估结果以用于企业的其他管理方面。

当然绩效评估的本质也就不能是不同员工之间的相互比较，因为不同岗位员工的工作量肯定不一样，此外同岗位员工的绩效目标要求也不完全一样，所以绩效评估不能是员工之间的相互比较和排序。如果在绩效评估阶段只是想通过评估得出所有员工的排序，并将这个排序用于绩效奖金的分配，那么这样的思想还只是绩效考核的思想。绩效管理中的绩效评估理念在于，通过将绩效实施者的绩效结果与绩效目标进行比较，以此找出绩效实施者在绩效实施过程中的不足和优秀经验，然后采取相应的措施进一步保障企业目标的达成和员工的成长。

（二）评估的主要目的在于将来实现提升

绩效管理强调通过持续不断的改进，提升企业的绩效水平和员工的绩效能力，因此绩效评估的主要目的之一就在于给找到提升办法提供一个工具，绩效评

估的本质也就在于发现绩效实施者的绩效结果与绩效目标的差距或卓越之处，以便实现改进不足和总结经验。基于此，绩效评估的过程更不应该是一场"审判"或"裁决"，为此绩效督导者要以教练的心态来进行评估，员工也要将这个评估过程作为实现自己提升的一次契机。

二、绩效评估原则

（一）以事实为依据的原则

在绩效评估时，不论是绩效督导者还是绩效实施者都要以事实作为绩效评估的依据，以绩效指标与计划制定阶段的约定为依据，以绩效实施者在绩效实施过程中的表现和绩效结果作为依据来进行评估。在绩效评估过程中，绩效督导者与绩效实施者都要避免以主观臆断来进行评估。在这个时候，绩效督导者平时的工作日志将作为绩效评估时事实依据的主要来源。

（二）绩效实施者自评的原则

在绩效评估时，应该让绩效实施者首先对自己的绩效结果进行评估，绩效督导者再在绩效实施者评估的基础上进行评估。这样做体现了绩效评估的主要目的在于找到差距和发现卓越，让绩效实施者参与这个过程对于绩效实施者后期的绩效改进更加有利，因为绩效实施者参与了这个评估的过程，所以其更能深刻认识到自己绩效结果存在的不足和好的经验。其次绩效实施者参与绩效评估，一方面最终达成的绩效结果更容易得到绩效督导者与绩效实施者的认可；另一方面也更有利于绩效实施者制定出更有效的绩效改进计划。

（三）自下而上的评估原则

在绩效评估时，整体上应该是自下而上的评估顺序。在中小企业中就是先是部门层级的经理完成对基层员工的绩效评估（与绩效实施者先自评不矛盾），然后是副总经理对部门经理层级进行绩效评估，最后是企业的总经理对副总经理进行评估。在实际操作中，为了节省时间，这几个层级可以同时开展评估，只要保证下级管理者完成了其对下属的评估工作后才知道上级对自己的评估结果就可以了。这样的评估方式，更有利于锻炼管理者在绩效评估时实事求是的品质。

三、绩效评估的操作方法

（一）《绩效评估表》评估时的基本知识

按照绩效指标与计划制定阶段的要求，绩效实施者与绩效督导者均有三张双方完成绩效指标确认签字的绩效评估表：《绩效评估表》、《管理绩效评价表》和《价值观评价表》。其中，《绩效评估表》为母表，《管理绩效评价表》和《价值观评价表》统称为绩效评估子表。

1. 绩效指标的指标得分计算

（1）定量指标的指标得分：

某一定量指标的指标得分 = 相对应的指标权重 × 相对应的评估分数

评估分数为所收集的该绩效指标的原始数据经过数据处理规则和计分规则后计分所得到的分数。

（2）定性指标的指标得分：

某一定性指标的指标得分 = 相对应的指标权重 × 相对应的评估分数

评估分数为绩效督导者（自评时为绩效实施者）将绩效实施者在绩效周期内的实际表现与该指标约定的得分等级标准相比较，取最为相符的等级中的分数。其中 D 等级中的 50 分与 0 分的区别在于，50 分是工作没干好，0 分则表示该项指标的相应工作基本没做，或做得极差。

2. 母子表中的分数关系

子表绩效评价总分（管理绩效评价总分与价值观绩效评估计算一样）为相应子表中所有指标的指标得分之和。

母表中管理绩效指标的指标得分即子表（《管理绩效评价表》）的管理绩效评价总分。

母表中价值观绩效指标的指标得分即为子表（《价值观评价表》）的价值观绩效评价总分。

母表中的当期绩效评估总分为母表中所有指标的指标得分之和。当期绩效评估总分也就是绩效实施者当期绩效评估的最终分数。

（二）绩效评估的具体操作

一般情况下，由于企业的组织绩效督导者与组织负责人的绩效督导者为同一人，在绩效评估时，企业的组织绩效评估融入企业的员工绩效评估工作中，也就是说企业某一组织的直接上级主管在完成对该组织负责人的绩效评估时，就完成了该组织的组织绩效评估，因为该组织绩效指标就是该组织负责人所有绩效指标中的业务绩效指标。

1. 绩效评估时间要求

绩效评估的时间要求根据企业的规模大小等因素不一样会有所不同，一般情况下，企业的绩效评估在 3 个工作日完成。

2. 绩效评估步骤

绩效评估时的一般工作步骤如下：

第一步：人力资源部向企业全体绩效督导者发出绩效评估通知。接到通知后，绩效督导者通知绩效实施者开展自我绩效评估工作。

第二步：绩效实施者根据每一项绩效指标中所标注的绩效指标原始数据来源收集数据，完成自我绩效评估工作。在自我评估时，定性指标和有些需要绩效督导者作出判断的绩效指标评价，绩效实施者可直接根据自我在工作中的表现先进行初次评价。绩效实施者完成自我评估后，将相应的绩效评估表和所收集到的绩效指标原始数据上交到绩效督导者，绩效实施者可以自己复印保留一份自我评估的绩效表格。

第三步：绩效督导者收到绩效实施者提交的绩效评估表格和相应的绩效指标原始数据后，开展最终的绩效评估工作。此时绩效督导者所用的表格应该是在绩效指标与计划制定阶段时留存在自己手里的那一份。绩效督导者完成绩效评估工作后，将绩效督导者的绩效评估表格复印一份下发给相应的绩效实施者，绩效督导者与绩效实施者开始准备进行绩效面谈。

在绩效评估过程中如果遇到绩效管理中相关问题时，应该及时咨询企业的组织绩效管理部和人力资源部等部门。

四、容易出现的问题和解决办法

（一）绩效评估阶段常见的问题

1. 绩效评估成为人际关系的工具

绩效评估成为绩效督导者人际关系的工具是绩效评估时最容易出现的问题，常见的现象有：一是绩效督导者在评估时根据下属与自己关系的疏远或亲近来打分；二是绩效督导者根据下属谁对自己更有利就给谁评高分。这种情况尤其是在定性绩效指标评估时更容易出现，因为定性指标的评估标准约定还不能像定量指标一样可以全部地写下来。

2. 绩效督导者对绩效评估较为抵触

此类绩效督导者在绩效评估时的具体表现主要是不太愿意对绩效实施者开展评估工作，原因一般是担心自己评估得不准，下属会因此而不高兴，以至于面子上过不去，或者以后的管理工作不好开展。这些原因导致其在绩效评估时，常常会为了追求与下属的一团和气而不进行有效的绩效评估。

3. 绩效实施者对分数过于敏感

绩效实施者在绩效评估时，有时候可能会对绩效评估结果过于敏感，表现在为了一两分的分数而纠结，并且导致绩效督导者工作难以开展，增加企业绩效面谈时期的绩效申诉率，使企业的绩效管理者忙于裁决绩效申诉问题。

（二）常见问题解决办法

1. 提高前两个阶段的工作质量

在绩效评估时，或许绩效督导者才能体会前两个阶段工作的重要性。绩效指标与计划沟通不好，绩效评估时就会使绩效评估的标准变得模糊不清，从而导致绩效评估结果很难得到绩效实施者的认同，当然这也给绩效实施者留下了钻空子的机会。绩效实施阶段，如果绩效督导者不能开展有效的督导工作，就会使绩效评估时的一些过程数据和员工的绩效表现，以及员工的计划执行情况都缺乏评估的依据，从而导致绩效评估难以有效开展。所以，为了避免在绩效评估时遇到这样的问题，企业一定要强调并且努力提高前两个阶段的工作质量。

2. 绩效实施者申诉成功影响绩效督导者的管理指标

强化绩效督导者拥有正确的绩效管理理念是在绩效督导者的观念层去解决问题，观念层解决问题的周期较长，且不直接，稳定性也不是很好，尤其是在行为层的影响下，所以解决绩效评估时遇到的问题还应该从行为层加以引导和限制。在行为层方面，企业可以将绩效实施者的绩效申诉成功作为绩效督导者管理维度的一个重要指标。常见的操作，如当绩效督导者下属的员工累计两次绩效申诉成功，绩效督导者的管理绩效指标中的"绩效评估工作开展的有效性"指标就扣10分①。将绩效督导者的绩效评估工作放到绩效指标中，以此引导绩效督导者在绩效评估时要更加客观。

3. 强化绩效管理理念

绩效管理的两个核心目的在于帮助企业达成绩效目标和实现员工成长，因此

---

① 该分数为示意性分数，企业应根据自己的实际情况来确定具体分数。

绩效督导者在绩效评估时，要树立通过客观评价帮助下属提升的理念。如果绩效督导者不能客观地评价下属的工作，进而导致下属不能有效地改进自己的工作，这样的结果只会对下属有害，也就是说为了追求一团和气的绩效评估，其实是害了下属。

4. 绩效分数不应过分使用

如果绩效分数成为其薪酬、福利、职位晋升等绩效实施者最为敏感利益的最主要或者唯一的评判依据时，绩效实施者就会对绩效分数非常敏感，因为绩效分数基本上代表了他所有最关切的利益。因此，要解决绩效实施者对绩效分数过于敏感的问题，企业不应在绩效管理体系设计时将绩效分数的作用过于放大。如在绩效实施者的绩效分数用于其薪酬时，可以设计成绩效实施者的绩效分数不是影响其薪酬的唯一因素；同时绩效分数也不作为其职位升降的唯一重要因素。

第十二章 绩效面谈

绩效面谈的主要内容有绩效评估结果确认、绩效结果分析与改进两个内容，而在实际操作中，由于绩效实施者对绩效评估结果的不认可，所以还会增加一个绩效评估结果申诉的内容。在这几项内容中，绩效结果分析与改进最为重要。

一、绩效面谈的意义

（一）增进相互理解和信任

绩效面谈的主要工作之一就是绩效督导者告知绩效实施者其绩效最终评估结果，也就是绩效评估结果确认，其目的是要绩效实施者与绩效督导者就绩效评估结果达成一致。在中国的一些企业中，绩效面谈这一环节直接被省略掉，绩效督导者不会与绩效实施者就绩效评估结果进行沟通，绩效实施者只有在领取工资的时候才能知道自己的绩效评估结果。企业这样做的理由通常是怕绩效实施者不认同绩效评估结果，这是因为其前面几个阶段的工作没有做到位，所以才会担心绩效实施者对绩效评估结果不认同，这也说明绩效督导者与绩效实施者之间信任感非常差，在做好了前面几个阶段的工作后，通过绩效督导者与绩效实施者就绩效评估结果的沟通，能够增强双方的信任感，促进双方在下一阶段工作中相互信任和理解。

（二）使绩效评估结果更为客观和有效

在绩效评估的过程中，虽然绩效实施者与绩效督导者都进行了评估，但实际上双方的评估结果往往存在差异，这种差异在双方未沟通前，一般都会认为自己是正确的。如果双方不就最终的绩效结果进行沟通。那么双方对绩效结果的认识或理解差异将会一直存在，很难消除，绩效评估结果也就很难通过综合双方各自的想法使其更加客观和有效。在绩效面谈过程中，绩效督导者与绩效实施者可以表达自己对相关问题的看法和倾听对方对某一问题的看法，这既是一个相互交流想法的过程，也是通过交流使绩效评估结果更为客观和有效的过程。

（三）是绩效水平不断提升的起点

绩效面谈的一项重要内容是绩效结果分析与改进，该工作内容的实质就是对上一期绩效结果与绩效实施情况进行分析，总结出不足与经验，并制定出《绩效改进计划》，以促使绩效实施者在下一期绩效管理中，其绩效水平能够得到提升。因此绩效面谈对于整个绩效管理体系来说非常重要，它是绩效水平得到提升、绩效实施者绩效能力也得到提升的起点。这个起点缺失后，企业绩效水平的不断提升和绩效实施者绩效能力的提升将无从谈起。

（四）实现基层信息定期、有效的向上传达

在绩效面谈时，基层的绩效督导者在与绩效实施者沟通时能了解基层绩效实施者工作的实际情况、心态等多方面的因素。基层的绩效督导者在与其绩效督导者进行绩效面谈时，又能将基层绩效实施者的工作表现、行为以及心态等多方面的因素传递给上层，因此在绩效面谈时，通过这样一层层的传递，企业的高层就能够定期掌握基层员工以及每一管理层级员工在工作时的各方面信息，实现基层信息的定期有效向上传达。

二、绩效面谈的过程

（一）时间与顺序要求

1. 时间要求

根据经验，要实施有效的绩效面谈，一般来说大约需要 3 个工作日。

2. 顺序要求

在绩效面谈时，整体上应该是先基层再高层的一个自下而上的顺序。这样的绩效面谈顺序更有利于企业的高层能够收集到更多来自基层的信息，因为高层在绩效面谈时，已经通过下属的下属获得了基层的信息。当然在实际操作时，不一定要等基层都完成了绩效面谈才开始高层的绩效面谈，可以交叉进行，这样有利于缩短绩效面谈阶段的时间，提高效率，如在基层其他部门开展绩效面谈时，高

层可以选取一两个部门进行绩效面谈，只是每一次绩效面谈所选取的部门最好不同，这样才有利于高层获得更全面的基层信息。

（二）大致过程

绩效面谈的大致过程如下：

第一步：绩效评估结果确认。

第二步：如经过反复沟通，绩效督导者无法与绩效实施者就绩效评估结果达成一致，绩效实施者可以提起绩效评估结果申诉。

第三步：绩效评估结果申诉完成后，或者直接完成绩效评估结果确认后，绩效督导者与绩效实施者开展绩效结果分析，并制定《绩效改进计划》。

三、绩效评估结果确认

绩效评估结果确认分为两种情况：一是绩效督导者与绩效实施者双方的绩效评估结果完全相同，在这种情况下，双方的绩效评估结果确认就相当容易，一般只需双方在绩效评估表上签字确认就可以了。二是绩效督导者与绩效实施者双方的绩效评估结果存在差异。在这种情况下，双方就需要进行有效的沟通等来达成一致，以完成双方对绩效评估结果的确认工作。下面主要对第二种情况进行介绍。

（一）沟通方式

绩效督导者在开展绩效评估结果确认工作时，应该与绩效实施者进行一对一的沟通，这样才能有利于双方自由地发表各自的看法，使沟通更为深入和有效。

（二）沟通前的准备

在绩效评估结果沟通前，绩效督导者与绩效实施者都需要做好相应准备，以提高沟通的效率和效果。

1. 绩效督导者的相应准备

绩效督导者在绩效评估时，依据绩效实施者的自我评估就能发现自己的绩效评估结果与绩效实施者的自我评估结果之间存在的差异。在绩效评估结果沟通前，绩效督导者不仅要尽量找出导致评估结果差异的原因，还要找到相应的解决办法。

2. 绩效实施者的相应准备

绩效实施者接到绩效督导者评估的绩效评估表格后，找出自我评估与绩效督导者评估的差异点，并思考双方评估产生差异的原因和解决办法，以便在绩效评估结果沟通时更有效。

（三）绩效评估差异的原因

1. 客观原因

所谓客观原因产生的差异就是导致双方绩效评估结果产生差异的原因是来自客观的事实，如统计的指标原始数据错误或来源不一而造成的绩效评估结果差异。这类原因所产生差异一般都比较容易解决。

2. 主观原因

由主观原因所导致的绩效评估结果差异则主要集中在，由于绩效督导者与绩效实施者双方对绩效指标的理解不一致，如绩效指标的含义约定上、定性指标的评价标准上等。由这类原因所导致的绩效评估结果差异一般都不太容易处理，也正是因为这样，所以绩效管理中，要特别强调在绩效指标与计划确定阶段下足功夫。

（四）沟通过程中的要点

1. 重点在于解决问题

在沟通过程中，双方的重点应该集中在找出问题根源，并解决相应的问题，切忌双方在沟通过程中碍于面子，不顾客观事实地强词夺理维护自己的面子。一般情况下，每一个人对于自己所作出的判断都会感性地去捍卫，但在工作中，双方还是应该以理性的方式来对待工作，实事求是。要坚持做正确的事情，而不是盲目地捍卫自己的面子。

2. 以协商的方式解决问题

在解决问题时，双方应该本着在公司现有制度下，以协商的方式来解决所出现的问题。对于因客观数据所造成的差异还比较好解决，直接用正确的数据得出的结果就可以了。而对于双方因为对绩效指标的理解不一致所造成的差异，其解决方式就需要双方以相互理解的方式来解决了。

（五）沟通的结果

绩效评估结果的确认工作有两个：一是绩效督导者与绩效实施者通过沟通，就绩效评估结果达成了一致。在这种情况下，双方只需在绩效评估表上签字确认，就可以开展下一步工作了。二是绩效督导者与绩效实施者通过沟通，未能就绩效评估结果达成一致。这时，绩效实施者就可以向人力资源等部门提起绩效申诉，申请绩效评估结果裁决。这就进入了绩效评估结果申诉环节。

四、绩效评估结果申诉

如果绩效督导者与绩效实施者双方无法就当期绩效评估结果达成一致，绩效实施者就可以进行绩效评估结果申诉。

（一）申诉处理机构与处理过程

拥有完整绩效管理体系的企业一般有两个机构负责处理绩效评估结果申诉：一是人力资源部；二是绩效管理委员会。

1. 人力资源部

当绩效实施者无法就当期绩效评估结果与绩效督导者达成一致时，绩效实施者应该首先向人力资源部提起申诉。人力资源部在处理绩效实施者的申诉时，主要是调查和核实绩效督导者与绩效实施者双方的信息，然后按照绩效管理制度和公司的相关规定进行调解。

人力资源部将申诉处理结果告知绩效督导者与绩效实施者，如果双方均对处理结果认同的话，那么人力资源部就将处理结果作为当期绩效实施者的最终绩效评估结果，并将绩效申诉表格等相关文件存档。如果绩效督导者与绩效实施者双方有一方对人力资源部的处理结果表示不认同的话，绩效实施者可向绩效管理会提起申诉。

2. 绩效管理委员会

绩效管理委员会是绩效申诉的最高和最终裁决机构。只有在绩效督导者或绩效实施者对人力资源部的申诉处理不认同时，才能向绩效管理委员会提起申诉。绩效委员会接到绩效实施者的绩效评估结果申诉后，通过调查与研讨对申诉进行处理。

绩效管理委员会的处理结果是最终的处理结果，绩效管理委员会将处理结果通知绩效督导者与绩效实施者和人力资源部，人力资源部将此结果作为绩效实施者当期的最终绩效评估结果，并做好相应的存档。

（二）相关表单与要求

1. 申诉处理时间要求

绩效评估结果申诉的处理时间一般在 2 个工作日左右。

2.《绩效申诉表》的相关要求

绩效实施者在绩效申诉期间的最主要文件是《绩效申诉表》。绩效实施者在绩效评估结果申诉时，先要根据表单提示填好表单，并让绩效督导者也填上意见。人力资源部在做出处理意见后要签字，绩效督导者与绩效实施者对处理结果签字表态。绩效管理委员会给出处理意见后也需要签字。《绩效申诉表》样例如表12－1所示：

表 12－1　绩效申诉表样例

申诉人		所在部门		绩效督导者	
申诉事由					
人力资源部受理情况					
受理时间		经办人		受理结束时间	
申诉处理意见					
经办人签字		人力资源部 负责人签字		申述人意见	
				绩效督导者意见	
绩效管理委员会裁决情况					
受理时间		经办人		裁决结束时间	
裁决结果					
负责人签字					
备注					

3. 绩效结果公示

人力资源部在收集到所有绩效实施者与绩效督导者认同的或绩效管理委员会裁决的绩效评估结果后，要及时公示当期所有绩效实施者的绩效评估结果。通过绩效评估结果的公示，一方面能增加绩效管理的透明度，增强绩效评估结果的公信力；另一方面通过绩效评估结果的公示，还能让员工参与绩效管理监督，使绩效管理能够更加合理和有效。

五、绩效结果分析与改进

在完成绩效评估结果确认后，绩效督导者就可以与绩效实施者开展绩效结果分析与改进的工作了。绩效结果分析与改进主要包含两部分内容：一是通过绩效结果分析，发现不足与总结经验；二是制定绩效改进计划和经验推广。绩效改进计划主要是针对绩效实施者个人而言，而经验推广则面向所有与工作性质相关的绩效实施者。

（一）工作开展方式

1. "一对一"为主的工作方式

对于绩效结果分析和绩效改进计划制定工作，原则上应该采取绩效督导者与绩效实施者一对一的方式。但如果绩效督导者需要沟通的绩效实施者较多，可以考虑按照工作性质、工作中出现的问题相似等特点将绩效实施者分为若干组，绩效督导者一次与一组进行绩效结果分析，分组的方式非特殊情况最好不用，因为其针对性不强。绩效经验推广工作当然就是一对多的沟通方式了，因为一般推广所针对的受众都是比较多的。

2. 绩效实施者为主，绩效督导者辅导的方式

绩效实施者为主是指在绩效结果分析与改进中，应该以绩效实施者为主角；绩效督导者辅导是指绩效实施者的分析结果由绩效督导者提出辅导性、建设性的意见，并确保绩效实施者的分析与改进的思路科学、合理和有效。如在绩效结果分析的时候，应该让绩效实施者先给出分析结果，再由绩效督导者提出意见。绩效改进也应该由绩效实施者先给出绩效改进计划，再由绩效督导者辅导，确保绩效改进计划合理、有效。让绩效实施者深度参与有两方面的好处：一方面绩效实施者对执行自己深度参与的计划有更高的执行力和主动性；另一方面深度参与会让绩效实施者对这个过程有更高的满意度。

3. 建设性提议的方式

建设性提议的方式是指在绩效结果分析与改进中，绩效实施者与绩效督导者双方所提出的意见应当是建设性的，其目的都在于为了更好开展绩效结果分析工作和制定更有效的绩效改进计划，双方要避免钻牛角尖、抬杠等行为，应以积极的心态对待工作，这样才有利于开展工作。

（二）绩效结果分析

1. 分析不足

分析不足就是结合绩效实施者的最终绩效评估结果和绩效实施者的工作表现，找出绩效实施者在工作中存在的不足。这种不足分为两类：

（1）未能满足绩效实施者岗位基本要求。这类不足是绩效督导者必须要让绩效实施者得到提升的一类，如果得不到提升，达不到企业对该岗位的基本要求，那么绩效实施者可能就意味着不适合这个岗位的工作。

（2）绩效实施者的工作绩效已经达到了企业对该岗位的基本要求，但基于绩效督导者根据绩效实施者工作行为表现的判断，绩效实施者对该工作的绩效还具有提升的潜力。这类不足的提升不是必需的，但由于绩效实施者提升后不仅对自己是一个进步，而且对绩效督导者整个团队的绩效和公司的绩效都有促进作用，所以绩效督导者应该积极引导绩效实施者充分发挥这方面的潜力，并且为其提供必要的协助。

2. 总结经验

每一位绩效实施者在实施绩效目标的过程中都或多或少地积累了一些经验，绩效督导者应该通过此处的工作将这些经验收集、提炼和推广，为绩效实施者能更有效地实施绩效目标提供支持。一般来讲，此处所总结的经验也主要分为两类：一是成功的经验。这类经验对于其他绩效实施者而言，意味着能更加有效地实施绩效目标。二是失败的经验。这类经验对于其他的绩效实施者而言，意味着能有效避免犯同样的错误，提高绩效目标实施的成功率。绩效督导者与绩效实施者在总结经验时，要着重关注这两方面内容。

（三）绩效改进与经验推广

1. 绩效改进

绩效改进主要是针对绩效实施者在当期绩效实施中存在的不足而制定的，通过制定绩效改进的目标和方法，最终形成绩效实施者的绩效改进计划。绩效改进计划的制定过程是绩效实施者首先根据绩效结果分析，拟定出绩效改进计划，并将绩效改进计划提交给绩效督导者，征询绩效督导者的改进意见，双方通过协商最终确定绩效改进计划，并签字确认。《绩效改进计划表》的样例如表 12 - 2 所示。

在制定绩效改进计划时，不宜一次设置过多的改进目标，这样容易使绩效改进失去重点，反而不利于绩效改进。如果确实有较多的绩效目标需要改进时，最好是一次改进一类目标，这样能提高绩效改进的可操作性。

表 12 - 2　绩效改进计划表样例

绩效实施者		所在部门		绩效督导者		辅导日期	
绩效改进 计划							
绩效督导者 意见							
辅导起止 时间		绩效实施者 签字			绩效督导者 签字		
备注							

2. 经验推广

绩效经验推广分几个层次：第一个层次是同岗位不同绩效实施者的绩效经验推广，这种推广方式的可操作性强，更为有效，并且频率也最高。第二个层次是组织团队内的绩效经验推广，这种推广方式的内容要么涉及管理经验，要么就是组织内部通用业务的经验。第三个层次是整个企业内部的绩效经验推广，其内容一般主要以管理经验为主，推广的经验更具有普遍性，而频率确实最低。

企业为了鼓励绩效实施者分享自己的绩效实施经验，应该建立起相应的机制。如在企业制度中规定，凡是对有价值的绩效实施经验进行分享和推广的，可以在绩效评估表中的价值观指标中加分，或者给予其他的奖励等。总之，绩效实施者的绩效目标实施经验推广对企业目标的实现非常重要，同时这也是企业打造学习型组织的一个有效举措。

六、容易出现的问题和解决办法

（一）容易出现的问题

在绩效面谈阶段，最容易出现的问题分为两类：一是绩效督导者与绩效实施者双方的心态容易出问题；二是双方的沟通能力不足。

1. 心态问题

心态问题在绩效督导者那里主要反映为，绩效督导者未能将自己的身份定位成"教练"，而是定位成"法官"或"裁判"。这样的心态容易导致绩效面谈时，绩效督导者常常以命令、指责、教训的口气与绩效实施者交流，使得绩效实施者产生较强的抵触情绪，影响双方沟通的质量，甚至导致双方无法有效沟通。

对于绩效实施者而言，其心态问题更多地体现在两方面：一是绩效实施者认为绩效面谈就意味着自己会难堪，因为是让自己找问题，所以会带着非常强的防备心理与绩效督导者进行沟通，甚至千方百计找理由为自己辩解，从而导致绩效面谈效果差，甚至与绩效督导者产生矛盾。二是绩效实施者带着极为消极的心态与绩效督导者进行沟通，有些是对自己和绩效督导者不信任，认为制定绩效分析与总结和制定绩效改进计划没用，更多的还得靠自己；有些是认为现在干得挺好的，不想改进；可能还有些绩效实施者会认为，这些分析与改进都是为了企业多赚钱，自己干好了又没什么影响。这些不良的心态问题都会对绩效面谈工作的有效开展造成不良影响，因此要尽量避免。

2. 沟通能力不足

绩效面谈的工作方式就是一个沟通的过程，因此其对绩效督导者与绩效实施者双方的沟通能力都有较高的要求。如果双方的沟通能力都非常好的话，绩效面谈不仅所花的时间会减少，而且沟通的质量也会有很大提高。如果任何一方的沟通有问题就可能导致绩效面谈费时费力，而如果双方的沟通能力都存在问题的话，那绩效面谈可能就会演变成一次争吵，所以企业要充分注重绩效督导者与绩效实施者的沟通能力建设。

（二）解决办法

1. 强化正确的绩效理念

拥有正确的绩效管理理念是开展成功绩效管理的第一步，这也是本书非常强调的内容。企业在开展绩效管理时，一定要重视绩效管理理念的培养，甚至在必要时可以将其纳入绩效指标中。企业强化绩效管理理念可以通过培训、研讨等方式进行。

2. 完善人力资源管理体系建设

当绩效管理与完善的人力资源管理体系进行对接时，才能使绩效管理对企业的价值提升到最大，因此企业应该完善包括员工职业发展通道、培训体系、薪酬体系等人力资源管理体系的建设，并将这些体系与绩效管理体系进行有效对接。这也是有效保证企业更多的员工都具有正确的绩效管理理念。

3. 加强沟通

沟通能力不仅对企业开展绩效管理非常重要，而且对于企业开展其他管理活动也同样重要，其重要程度可想而知。总之，企业应该开展有效的沟通能力建设。由于沟通能力怎样建设不是本书的重点，故不在这方面做过多的阐述。

第十三章 绩效结果输出与应用

当绩效实施者的绩效评估结果公示无异议后，其结果可用于薪酬、福利、培训职位晋升等多方面。本章主要介绍绩效评估结果在薪酬中的应用，而福利、培训和职位晋升只做原则性的介绍。本章所说的绩效分数是指在企业中公示后的绩效实施者的最终绩效评估分数。

一、绩效结果应用要点

（一）绩效分数应综合使用

绩效分数综合应用包含两方面的含义：一是指绩效分数应该综合应用于薪酬、福利、职位升降、培训等多个方面，这样做的好处能够强化绩效管理在企业管理中的作用，使整个企业都非常重视绩效管理；二是指绩效分数在用于薪酬、福利、培训、职位升降等每一项管理中时，应该与其他因素结合使用，不应过分强化绩效分数在其中的权重，这样容易使绩效分数变得敏感而不是重视。

（二）加大在员工培训中的应用

绩效管理的主要目的在于不断提升企业的绩效水平，而绩效水平的不断提升又在于绩效实施者的绩效能力不断提升，所以绩效分数应该加大在培训中的应用。而在实际操作中，企业往往更多地将绩效分数应用于员工的薪酬和福利，但这实际上更多的是体现绩效考核的思想，而不是绩效管理的思想。企业在实施绩效管理时应该采用绩效管理的思想，要尽量避免用绩效考核的思想去运用绩效管理体系。

（三）防止绩效主义产生

绩效结果由于与绩效实施者的工作表现和工作结果联系非常紧密，所以绩效结果也是最有可能在企业管理中得到最为广泛应用，以至于绩效结果在有些企业的管理中具有了非常重要的地位，成为整个企业所追求的目标，这就导致了绩效主义。然而实际上，绩效管理结果还没有到那种能够准确、全面反映员工、企业工作情况的地步。就好像即使在成功企业的所有管理中一样，科学管理还要与艺术化管理搭配运用，才能使管理工作更加有效和合理。绩效管理也一样，不能够让绩效结果去代表一切，绩效结果也需要与其他管理结果搭配应用，这样才能相互取长补短，使企业的管理更加有效。

二、在薪酬中的应用

在现代企业中，员工的薪酬一般是由其岗位价值、员工绩效、员工能力、企业业绩和同行业付酬水平等因素来决定，绩效分数只是影响员工薪酬的一个因素。绩效分数在转化为可应用于计算绩效工资的绩效系数过程中，一般会经历绩效分数修正、绩效分数转化、外部环境系数调整几个步骤。在实际操作中，企业应该根据自己的特点和所处的阶段，有选择性的组合使用这些步骤，以增强绩效结果输出与应用的合理性和可操作性。

（一）绩效分数修正

1. 修正目的

绩效分数的修正是为了解决企业中各层级的绩效督导者在对绩效实施者进行绩效评估时价值判断水平不一致的情况。如对于同样一件事情，有的绩效督导者可能认为达到这样的绩效水平就应该是"优秀"级别，而在另一位绩效督导者那里，可能认为这样的绩效水平只能是"良好"级别。也就是企业中常说的，有些绩效督导者评估时"严"一些，有效绩效督导者评估时"松"一些的现象。不同绩效实施者的"松"、"严"不一致会影响绩效实施者的绩效评估结果在企业的"内部公平"，因此需要按照统一的评估标准来对所有的绩效评估分数进行修正，以消除因为不同绩效督导者主观原因所造成的差异。

2. 适用阶段

导致不同绩效督导者在评估时产生差异的主要原因在于，绩效督导者无法按照企业统一的绩效评估标准与绩效实施者进行绩效目标与计划制定造成的。这种情况一般多出现在企业实施绩效管理的初始阶段和绩效管理还不成熟的阶段。原则上，当企业的绩效督导者能够完全按照企业战略所制定的评估标准来制定所有绩效实施者的绩效指标与计划时，是不需要在完成绩效评估后再对绩效分数进行修正的，因为根据企业战略目标所制定的企业评估标准就已经是一个统一的标准了，但多数企业在绩效管理的初级阶段和不成熟阶段还很难做到这一点，所以绩效分数修正一般也主要用于这两个阶段。

3. 修正依据

绩效分数修正的主要目的是消除不同绩效督导者在评估时"松"、"严"不一致而产生的差异，这种差异实际上来源于绩效指标与计划制定阶段，绩效督导者未能严格按照企业统一制定的评估标准而造成的。也就是说，绩效督导者的"松"、"严"差异在绩效指标与计划制定阶段就产生了。

为了解决这个问题，在绩效评估后，也需要在企业所有绩效实施者中用统一的标准来修订，这时候，企业的一把手所做的评估最适合用来作为这个"统一标准"。一方面，企业一把手对下属所做的评估在企业中具有最好的全局性，最能代表企业的整体业绩；另一方面，企业一把手是对企业经营业绩的最终负责人，他的评估标准最能代表企业的要求。所以，在一般情况下，都以企业一把手的评估分数作为修正依据。

4. 修正范围

绩效分数的修正一般是针对企业所有的绩效实施者。

5. 修正思路

修正的总体思路就是将企业一把手对其直接下属的评估分数（包含所有维度的指标）作为其直接下属所负责部门内部员工的绩效分数加权平均分，以此类推。组织或团队负责人的绩效评估分数即为其组织或团队内部员工的绩效分数加权平均分。

6. 具体操作

假设在一企业中，总经理给部门负责人 B1 的绩效分数为 100 分，而部门负责人给其内部的三位员工的绩效分数分别是：员工 C1 为 80 分，员工 C2 为 90 分，员工 C3 为 100 分。再假设三位员工所在岗位的价值评估分数①（绩效权重）分别为 200 分、250 分和 300 分。

---

① 岗位价值评估分数代表不同岗位对企业所做贡献的一个相对值，分数越高的岗位一般意味着对企业的价值贡献越大，所以岗位价值评估分数可以作为绩效分数修正的一个权重参考值。如果企业还没有岗位价值评估分数，或者所做的岗位价值评估分数可信度不高的话，可以直接将部门内部所有员工的绩效权重都用 1 进行计算。

$$内部员工绩效加权平均分 = 80 \times \left(\frac{200}{200+250+300}\right) + 90 \times \left(\frac{250}{200+250+300}\right) +$$

$$100 \times \left(\frac{300}{200+250+300}\right) = 21.33 + 30 + 40 = 91.33$$

这分数低于总经理给部门负责人所评估的 100 分，说明部门负责人的打分"严"了，因此需要将部门内部员工的绩效分数放大修正。放大倍数为 100 ÷ 91.33 = 1.095。

那么修正后每位员工的绩效修正分数为：C1 的绩效修正分数为（80 × 1.095）= 87.6，C2 的绩效修正分数为（90 × 1.095）= 98.55，C3 的绩效修正分数为（100 × 1.095）= 109.5。

公式总结：

$$\text{部门内部员工的绩效修正分数} = \text{员工绩效分数} \times \frac{\text{部分负责人绩效分数}}{\text{部门内部员工绩效加权平均分}}$$

$$\text{内部员工绩效加权平均分} = \text{员工绩效分数} \times \frac{\text{员工所在岗位的岗位价值分数}}{\text{部门内部所有员工的所在岗位价值分数之和}}$$

（二）绩效系数

生成绩效系数所用的数据为员工的绩效修正分数（如果企业不采用绩效分数修正的话，就直接运用员工的绩效分数）。绩效系数的生成方式大致有直接生成法、区间分布法和强制分布法三种。

1. 直接生成法

直接生成法就是直接将员工的绩效修正分数除以 100 就可以了。其计算公式如下：

绩效系数 = 绩效修正分数 ÷ 100。

2. 区间分布法

区间分布法就是将员工的绩效修正分数根据分数值放入到相应的区间中，每一个区间都对应一个绩效系数，该绩效系数就是员工的绩效系数，此方法往往容易让员工在绩效评估时特别在意分数值，因为员工可能因为一两分的差距掉入下一个绩效系数区间（见表 13-1）。

表 13-1 区间分布绩效系数表示例

等级	卓越	优秀	良好	待提升	不合格
分数区间	100 分以上	[90, 100]	[70, 90)	[60, 70)	60 分以下
绩效系数	1.2	1.0	0.8	0.6	0.4

3. 强制分布法

强制分布法就是将企业所有员工的分数根据员工所在岗位序列进行从大到小排序，员工的绩效系数是根据自己分数所对应的比例的绩效系数来确定（见表13-2）。此方式容易使员工不在乎其绩效分数的绝对值，而是更在乎绩效结果的排名。

表13-2　强制分布生成绩效系数表示例

等级	卓越	优秀	良好	待提升	不合格
强制分布比例	5%	10%	70%	20%	
绩效系数	1.5	1.2	1.0	0.8	0.5

注：绩效管理的每个周期可根据企业的整体绩效水平在待提升与不合格中来分配这20%的比例。在企业整体较好的情况下，待提升的比重可以适当大一些。

在区间分布法和强制分布法中，分数区间、强制分布比例和两者所对应的绩效系数应该在员工的绩效修正分数出来后，并经过战略管理中要求的总体薪酬与总体绩效水平的匹配关系测算后再确定。

在薪酬管理方面，区间分布法与强制分布法往往被企业用于对绩效薪酬总额的控制，实施手段就是通过调整区间分数、强制分布比例和其所对应的绩效系数来实现。

（三）外部环境系数

虽然企业根据战略目标与薪酬的平衡制定了绩效评估标准，且在绩效指标与计划制定阶段均参照这个评估标准制定了绩效指标与计划，但实际上，企业绩效目标与战略目标的达成情况还与企业所处行业、市场、政策等外部环境有关。这些外部政策环境可能会让企业的总体绩效目标更容易达成或更难达成，为此企业需要在每个绩效管理周期设定一个外部环境系数，用于平衡和调整企业的绩效评估标准。

外部环境系数的设定方法。如果外部环境的变化与企业制定战略目标时的预期大致一致，可以将外部环境系数定位为1.0；如果在绩效周期内，外部环境增大了企业战略目标的达成难度，这时可增大外部系数，如1.1、1.2等，因为此时绩效实施者更难完成绩效指标，通过适当放大外部环境系数，用以抵充不好的外部环境对绩效实施者的薪酬造成过大的影响；如果外部环境有利于企业经营的话，同理则可以降低外部系数，以降低员工绩效薪酬总额对企业人力成本形成较大的冲击。其计算方法如下：

最终绩效系数＝绩效系数×外部环境系数

运用外部环境系数后，员工的绩效薪酬会趋于稳定，好处是能提升员工对绩效薪酬的预期；不足是，在这种情况下员工与企业共担风险的意识较弱，使企业承担的风险较大。所以企业在选择外部环境系数时应该慎重。

（四）常用的绩效工资计算方式

上面介绍了绩效工资计算时可能经历的步骤，在实际操作中，企业可根据自身特点和需要选择合适的步骤组合，制定出本企业员工的绩效工资计算方式，下面介绍几种常见的绩效工资计算方式。

1. 直接式

在此方式下，员工的绩效分数直接转化成绩效系数，并将绩效系数直接用于计算员工的绩效工资。采用此种方式的企业必须要能够制定科学、合理的绩效评估标准，且各层级绩效督导者能够有效运用企业的绩效评估标准来制定绩效指标和计划。管理基础好，绩效管理成熟的企业采用此方式。

绩效工资计算公式如下：

绩效工资＝绩效工资基数①×绩效系数

绩效系数＝绩效分数÷100

2. 修正式

在此方式下，员工的绩效分数先经过统一修正，然后直接转化成绩效系数。此种方式适用于那些具有一定绩效管理理念和基础，但绩效评估环节还较弱的企业。

绩效工资计算公式如下：

绩效工资＝绩效工资基数×绩效系数

绩效系数＝绩效修正分数÷100

绩效修正分数的计算方法参考本章相关内容。

3. 强制分布式

在此方式中，员工的绩效分数先经过修正，然后再通过强制分布得到员工的绩效系数。此方法适用于那些绩效评估标准可操作性差和绩效评估环节操作也较差的企业，一般刚开始开展绩效管理，且企业管理基础较弱的企业多采用此种方式。此方式的另一个优点是有利于企业控制员工绩效工资总额。

绩效工资计算公式如下：

绩效工资＝绩效工资基数×绩效系数

---

① 绩效工资基数就是企业给员工的标准绩效工资，其数值是员工在绩效系数为 1.0 时所获得的绩效工资。

绩效系数来自绩效修正分数的强制分布, 具体操作参考本章内容;

绩效修正分数的计算参考本章相关内容。

(五) 在福利中的应用

绩效分数在福利中应用, 常见的方法是通过绩效系数累计积分的方式实现, 所用的工具为累进积分器 (见表 13 – 3)。当员工的积分达到一定分数的时候就可以根据公司薪酬福利制度获得相关的附加福利。

表 13 – 3 累进积分器示例

等级	卓越	优秀	良好	待提升	不合格
绩效系数	1.2	1.0	0.8	0.6	0.4
积分	3	2	1	0	– 1

在每个绩效管理周期结束后, 员工都根据自己的绩效系数所对应的分数进行积分, 当员工所积累的分数达到企业《薪酬福利管理制度》的相关规定后, 就可以获得相应的额外福利, 同时员工的累进积分器清零。

三、其他应用

此处的绩效结果不仅是指绩效评估结果, 还指绩效面谈环节所产生的结果, 如绩效经验总结与绩效改进计划等。

(一) 在战略管理中的应用

绩效分数在战略中的应用主要体现在, 企业的战略管理部门通过收集和分析企业中各管理层级的绩效分数, 对企业的管理水平和战略目标达成能力等方面进行评估, 并及时对下年度的战略目标进行调整, 以保证战略目标的合理和有效达成。同时, 战略管理部门通过对企业的管理水平和战略目标达成能力进行评估, 有利于提高企业所制定战略的科学性、合理性和可操作性。

(二) 在培训中的应用

绩效结果在培训中的应用更多的是指员工的绩效结果是员工开展各项培训的重要依据。对管理者而言, 如果其管理维度的绩效分数过低的话, 那可能就需要参加有针对性的管理培训；员工业务绩效指标的分数如果过低的话，经过与绩效督导者的分析可能也需要参加相应的培训，以提高绩效水平。

（三）在职位升降中的应用

绩效结果在员工职位升降中的应用应坚持一个原则，不应将绩效结果作为其职位升降的唯一因素或唯一重要因素。员工职位升降应该参考多方面因素，尤其是在人力资源管理中的一些重要因素，一般可将员工的绩效结果和绩效表现作为其职位升降的重要参考之一。

第十四章　绩效管理文件

企业的绩效管理文件分为两类：一是绩效管理制度；二是相关图表文件①，如绩效管理流程图、《绩效评估表》、《绩效改进计划》等。由于相关过程表单已经存在于本书的相应章节中，所以在此就不再单独列出。

一、《绩效管理制度》

《绩效管理制度》是一个企业开展绩效管理工作的最终依据，其在内容上包含了绩效管理体系的各个方面。《绩效管理制度》在制定时要求逻辑、结构清晰，行文简明扼要，不出现歧义。一般在操作中，《绩效管理制度》起草完成后，要根据企业的要求经过相关部门审核，并在通过总经理办公会等正式会议后生效。

下面给出一个企业的绩效管理制度示例。在实际案例中，每一个企业都会结合自己的特点设计绩效管理体系，因此企业的《绩效管理制度》都具有自己的特点。

××公司绩效管理制度

第一章　总则

第一条　绩效管理的目的

为顺利实现公司的战略目标和实现员工成长，以及由此提高企业的管理水

---

① 在企业的实际操作中，这些表单一般也会以附件的形式附于《绩效管理制度》文件的后面。

平，公司在结合管理绩效指标、目标管理法等绩效管理工具的基础上建立起本公司的绩效管理体系。

本绩效管理制度是公司各项绩效管理工作开展的依据。

第二条　适用范围

（一）本制度适用于公司所有部门的绩效考核，包括下属分/子公司。

（二）本制度适用于集团总部、下属分/子公司所有员工干部，但不包括以下人员：

1. 兼职、外部顾问、特约人员。

2. 试用期员工。

3. 考核期休假、停职时间逾考核周期1/2者。

4. 严重违反公司规章制度，应当按照奖惩条例及国家法律惩处的员工。

5. 按照公司要求，其他不参与本次绩效管理的人员。

第三条　绩效管理原则

1. 以提高员工绩效和组织整体绩效为导向。

2. 定性与定量考评相结合。

3. 公平、公正、公开。

第二章　相关者职责

第四条　绩效管理委员会

1. 公司绩效管理工作的最高管理机构。

2. 负责公司绩效管理工作的整体统筹与协调。

3. 负责对绩效管理中的申诉进行裁决。

4. 监督公司绩效管理工作开展过程中的规范性、合理性。

5. 定期通过专题会议对公司绩效管理工作进行全面的总结和评估，并不断完善。

第五条　人力资源部

1. 公司绩效管理工作的组织执行机构。

2. 分解公司的年度经营计划目标到各部门。

3. 设计、制定、改进和完善绩效考核方案。

4. 组织宣传考核的内容、目的和要求。

5. 督促、检查、协助各部门按计划实施绩效考核。

6. 及时收集考核实施中的各类信息并进行分析、整理，便于今后的改进和提高。

7. 根据考核结果和现有的人力资源情况向决策层提供使用各人才的依据，

做好人才储备工作，并有责任提出建设性意见。

8. 负责所有考核资料的档案整理，并及时移交综合管理部存档。

9. 负责考核结果的相关应用。

10. 接受并组织处理员工绩效申诉。

第六条 绩效督导者

1. 根据公司绩效管理的统一要求和绩效实施者的主要工作职责，与绩效实施者确定考核指标及其目标值、权重以及评价等级含义。

2. 在考核周期内，负责对绩效实施者进行工作指导和提供相关辅导，以帮助绩效实施者达成其绩效目标。

3. 考核期末，根据绩效实施者在考核周期内的实际表现和业绩结果对绩效实施者进行绩效结果评定，并及时与绩效实施者沟通确认。

4. 负责将绩效实施者的考核结果及时提交到人力资源部。

5. 负责帮助绩效实施者制定绩效改进计划，并辅导实施。

6. 配合公司不断改进绩效管理。

第七条 绩效实施者

1. 负责根据商定的绩效目标进行绩效目标实施工作。

2. 考核期末，根据人力资源部的安排进行自我绩效评价。

3. 负责拟订绩效改进计划。

4. 负责参与公司的绩效管理改进工作。

第三章 绩效管理指标

第八条 业务指标

业务指标分为 KPI（关键绩效指标）和 GS（工作目标设定）指标。

KPI 为根据岗位关键成功因素或岗位职责所提取的绩效考核指标。KPI 指标为定量指标，是根据收集的基础数据来计算出某一项指标最终得分的一类指标。在用 KPI 指标进行考核时，需要绩效督导者收集相应数据，故需要在日常工作中做好相应工作记录。

GS 指标是绩效督导者与绩效实施者在考核初期以约定的考核期内将要达到的目标为依据，并根据考核期末绩效实施者业绩目标实际达成情况来进行定性评价的一类指标。GS 指标在提取时，以岗位主要的工作内容为依据。

第九条 管理指标

管理指标是考察管理者的管理工作开展情况。

管理绩效指标既包括团队工作效率，还包括管理中的辅导、指导以及结果分析与总结工作开展情况。

第十条 价值观指标

价值观指标是考察基层员工在开展工作时的工作态度情况。

价值观指标根据公司所确定的核心价值观来确定。

第十一条 绩效管理维度

部门负责人绩效考核指标维度为业务指标、管理指标和价值观指标。

部门内部所有员工的绩效考核指标维度为业务指标和价值观指标。

第十二条 绩效评估表

绩效评估表是绩效管理的依据,样例如表14-1~表14-3所示:

表14-1 绩效评估表

当期绩效管理起止时间: 年 月 日至 年 月 日										
绩效实施者	部门:		岗位:	姓名:		当期绩效评估总分:				
绩效督导者	部门:		岗位:	姓名:						
序号	类别	指标名称	指标含义	数据处理规则	计分规则		数据来源	指标目标	评估分数	指标权重	指标得分
1	业务										
2	业务										
序号	类别	指标名称	定性指标得分等级标准					数据来源	指标目标	评估分数	指标权重	指标得分
			A(110分)	B+(100分)	B(85分)	C(70分)	D(50/0分)					
1	业务											
2	管理		具体评估在《管理绩效评价表》中完成									
3	价值观		具体评估在《价值观评价表》中完成									
绩效指标确认签字	绩效督导者: 绩效实施者: 签字日期: 年 月 日				评估结果确认签字	绩效督导者: 绩效实施者: 签字日期: 年 月 日				
备注:每一项绩效指标的标准分数均为100分。										

表 14-2 管理绩效评价表

						当期绩效管理起止时间: 年 月 日至 年 月 日				
绩效实施者	部门:		岗位:	姓名:		管理绩效评价总分:				
绩效督导者	部门:		岗位:	姓名:						
序号	类别	指标名称	指标含义	数据处理规则	计分规则	数据来源	指标目标	评估分数	指标权重	指标得分
1	管理									
2	管理									
序号	类别	指标名称	定性指标得分等级标准			数据来源	指标目标	评估分数	指标权重	指标得分
			A(110分) B+(100分) B(85分) C(70分) D(50/0分)							
1	管理									
2	管理									
绩效指标确认签字	绩效督导者:		绩效实施者:		评估结果确认签字	绩效督导者:		绩效实施者:		
	签字日期: 年 月 日					签字日期: 年 月 日				

备注: 1. 每一项绩效指标的标准分数均为 100 分。
2. 此表为《绩效评估表》的子表, 表中管理绩效评价总分即为《绩效评估表》中管理指标的评估分数。
3. 表中相关名词解释与《绩效评估表》中相同。

表 14-3 价值观评价表

						当期绩效管理起止时间: 年 月 日至 年 月 日				
绩效实施者	部门:		岗位:	姓名:		当期绩效评价总分:				
绩效督导者	部门:		岗位:	姓名:						
序号	类别	指标名称	指标含义	数据处理规则	计分规则	数据来源	指标目标	评估分数	指标权重	指标得分
1	价值观									
2	价值观									
序号	类别	指标名称	定性指标得分等级标准			数据来源	指标目标	评估分数	指标权重	指标得分
			A(110分) B+(100分) B(85分) C(70分) D(50/0分)							
1	业务									
2	价值观									
绩效指标确认签字	绩效督导者:		绩效实施者:		评估结果确认签字	绩效督导者:		绩效实施者:		
	签字日期: 年 月 日					签字日期: 年 月 日				

备注: 1. 每一项绩效指标的标准分数均为 100 分。
2. 此表为《绩效评估表》的子表, 表中价值观绩效评价总分即为《绩效评估表》中价值观指标的评估分数。
3. 表中相关名词解释与《绩效评估表》中相同。

第十三条　绩效考核指标的选取与确认

在绩效考核周期开始时，绩效督导者应根据绩效实施者当期的工作重点选择相应的指标到绩效考核表中。

（一）绩效指标选取原则

每一考核周期内，绩效考核指标的总数原则上不应超过8个；定量指标与定性指标相结合；在能有效考察员工主要工作内容和业绩的前提下，尽量选用量化指标，或者能量化的指标尽量量化；指标能够测量或具有明确的评价标准，必须是考核对象所能影响或改变的；目标应综合考虑历史业绩、未来发展预测、同行业竞争对手的业绩、客户特征、个人能力经验确定，不宜过高或过低，应使被考核人经过努力可以达到。

（二）指标权重的确定原则

原则上，单个指标的权重不应低于5%；部门负责人的业务指标、管理指标和价值观指标的权重分配为60%、20%和20%；部门内部员工的业务指标与价值观绩效指标的权重分配为80%与20%，遇有特殊情况或公司在绩效管理方面有特殊要求可适当调整。

（三）绩效指标沟通确认

KPI指标中，每个指标的含义、数据处理规则、计分规则、指标目标值和权重方面的内容需要在考核周期开始时，绩效督导者与绩效实施者面对面的沟通后约定。

GS指标中，每个指标所包含的内容或需要考核的方面，以及考核等级所对应要达到的标准或程度，也需要绩效督导者与绩效实施者在考核周期开始时，进行面对面的沟通与约定。

管理绩效指标与价值观绩效指标考核的几个方面，原则上不进行调整，若遇到公司在管理上进行重大调整时，可在通过审议、审核、审批的情况下，从整体上进行调整。

管理绩效指标与价值观绩效指标考核的每个方面的不同等级所要求达到的标准或程度，可在绩效考核周期开始时，绩效督导者与绩效实施者进行面对面的沟通与约定。

绩效督导者与绩效实施者约定好绩效考核指标，并在绩效考核表中签字后，绩效考核指标方能有效。

第四章　绩效管理周期

第十四条　管理绩效指标为每个月考核一次。

第十五条　业务绩效指标每个月考核一次。

第十六条　价值观绩效指标每个月考核一次。

第五章　绩效管理关系

第十七条　公司绩效考核分为由总经理直接考核的员工和由各部门负责人直接考核的员工。

（一）总经理考核

由总经理直接考核的员工均直接采用业务绩效指标、管理绩效指标和价值观绩效指标进行考核。

（二）各部门负责人考核

由各部门负责人直接考核的均采用业务绩效指标和价值观绩效指标进行考核。

第十八条　下述内容以由总经理直接考核的各部门负责人和部门负责人直接考核部门内部员工的考核方法为示例，其余人员的考核方法可参照执行。

第六章　绩效指标与计划制定

第十九条　每月月初，总经理下达各部门月度绩效目标。

第二十条　绩效考核表的签订，原则上先由各部门的上级主管领导与各部门负责人签订绩效考核表，然后各部门负责人再与部门内各位员工签订绩效考核表。

第二十一条　人力资源部组织各考核层级开展绩效考核表制定工作。

第二十二条　各部门根据公司的要求编制部门各位员工的绩效考核表，并与部门各位员工确认当期绩效考核指标、指标目标值、权重和 GS 指标的目标要求，确认后由部门负责人和员工在绩效考核表上签字确认。

第二十三条　所有签订工作要在月初的第 5～7 个工作日内完成。当月考核表签订之前的工作也计入绩效考核内。

第二十四条　各部门将同员工确认后的员工绩效考核表提交至人力资源部，由人力资源部汇总后提交至总经理进行审核。审核通过后，人力资源部将此表备份，并给员工和部门负责人各发送一份。

第七章　绩效目标实施

第二十五条　员工在签字确认考核期内的绩效目标之后，便开始通过工作达成绩效目标。

第二十六条　部门负责人在员工绩效目标实施阶段内，根据员工的需求和实际工作需要，对员工的相应工作进行指导和协调相关资源。

第二十七条　绩效辅导每个考核周期内，原则上绩效督导者与绩效实施者至少要面对面地辅导一次，且需要根据实际辅导情况填好《员工绩效辅导记录表》。《员工绩效辅导记录表》填写好后，提交一份给人力资源部作为备案，且绩效督导者在考核周期内对下属员工开展的绩效辅导工作情况要作为绩效督导者管理绩效考核的一个重要参考依据。

第二十八条　人力资源部在绩效考核周期内负责对部门负责人和部门员工提供有关绩效管理方面的指导和辅导。

第八章　绩效评估

第二十九条　绩效评估阶段时间安排

1. 考核周期的时间为每月的 1 号至下月的 1 号之前。

2. 每月月末的前 3 个工作日，人力资源部通知各绩效实施者进行自我评价，并在下月的第 1 个工作日之前将评价结果提交至绩效督导者。

3. 每月月初的前 3 个工作日内，各级绩效督导者需要完成对下级上月的绩效评估工作，并将结果提交至人力资源部，原则上，先是各部门内部进行绩效考核，再是总经理对各部门进行绩效评估。

4. 月初的第 4 个工作日，人力资源部将上月的绩效评估结果提交至总经理处，由总经理审定；同时，公司研究并决定下一绩效考核周期内的考核重点、调整等相关事项。

5. 月初的第 8 个工作日，人力资源部根据审定结果和所有绩效申诉结果，对上月绩效考核分数进行修正，并公布。

6. 上述时间节点为原则性确定，如遇特殊情况，经公司批准后可适当调整。

第三十条　绩效申诉

部门负责人对员工的绩效评价结果出来后，部门负责人将评价结果与员工进行沟通和确认。确认通过后，部门负责人将评价结果提交至人力资源部审核；若部门负责人无法就评价的结果与员工达成一致，员工可就自己的绩效考核结果向人力资源部提起申诉，由人力资源部进行裁决。若部门负责人与员工对人力资源部的裁决结果表示认同，则人力资源部直接将员工的裁决结果作为其当期的绩效考核结果，并将有裁决结果的《员工绩效申诉表》给部门负责人和员工各提供一份，人力资源部备留一份；如部门负责人与员工还不能就人力资源部的裁决结果达成一致，员工可将裁决结果向绩效管理委员会提起申诉。绩效管理委员会的裁决结果将强制性地作为员工当期的绩效考核结果，并将结果直接交由人力资源部汇总，同时，人力资源部仍需将具有总经理裁决结果的《员工绩效申诉表》给部门负责人和员工各一份，人力资源部留存一份。

　　原则上，如果员工未能就当期部门负责人对其的考核结果与部门负责人达成一致，应当在月初的前3个工作日内提出，过期之后默认为部门负责人已经与员工就绩效考核结果达成了一致，人力资源部也不再受理绩效申诉。

　　原则上，人力资源部需要在月初的5个工作日内完成上月绩效考核结果的所有申诉工作；绩效管理委员会与对上月绩效考核结果的申诉处理需在月初的7个工作日之内完成。如遇特殊情况，可经公司决定后适当后延。

　　已经提交了绩效申诉的员工的绩效考核分数以部门负责人最终打的分数为准。

　　第三十一条　部门负责人的绩效考核打分

　　部门负责人的绩效考核指标分为业务指标和管理指标。其中业务指标的打分分为KPI指标打分和GS指标打分。

　　（一）KPI打分

　　每项KPI的基准分均为100分。在对KPI进行打分的时候，根据每项指标的目标值、工作结果、数据处理规则和计分规则来计算出每项指标的最后得分，该分数为该项指标的评估分数，用该项指标的评估分数乘以权重即为该项指标的指标得分，即指标得分＝评估分数×权重。

　　（二）GS指标打分

　　绩效督导者根据绩效实施者在考核周期内的表现，找到其所对应的考核等级，就得到了该项指标所对应的分数，该分数为该项指标的评估分数，而该项指标的指标得分＝评估分数×权重。

　　（三）管理指标打分

　　管理绩效评价表中每一子项指标的打分与KPI和GS指标打分类似，其每一子项指标的指标得分＝评估分数×权重；整个管理绩效评价表的管理绩效评价总分等于各子项指标的指标得分之和；管理绩效评价表中的管理绩效评价总分即为部门负责人绩效考核表中管理指标的评估分数，而绩效考核表中的管理指标得分＝管理指标评估分数×权重。

　　部门负责人的本次考核得分＝绩效考核表中各指标得分之和。

　　第三十二条　部门员工绩效考核打分

　　部门员工的绩效考核指标分为业务指标和价值观指标，其中业务指标又分为KPI指标和GS指标。

　　部门员工的KPI打分与部门负责人的KPI打分类似。

　　部门员工的GS指标打分与部门负责人的GS指标打分类似。

　　部门员工的价值观绩效打分与部门负责人的管理指标打分类似。

第九章　绩效结果输出与应用

第三十三条　部门内部员工绩效考核平均分的修正

未提起绩效申诉员工的待修正分数为当期部门负责人对员工绩效考核的分数；提起绩效申诉员工的待修正分数为人力资源部或绩效管理委员会裁决后的分数

部门内部员工绩效考核修正分数＝部门负责人业务指标总分百分制修正分数×部门内部员工绩效考核分数÷部门内部员工绩效考核平均分

部门负责人业务指标总分百分制修正分数＝部门负责人业务指标总分÷部门负责人业务指标权重

部门内部员工绩效考核平均分＝部门内部各位员工绩效考核的修正分数之和÷部门内部员工人数

这里的绩效考核结果均指最终修正后的分数或申诉裁决结果的分数，部门负责人的分数是指审定后的业务绩效分数与管理绩效分数之和；部门内部员工的分数是指业务指标与价值观绩效指标分数之和的最终修正分数。

第三十四条　绩效考核系数

用于员工的绩效工资：绩效考核修正分数需要先转化为绩效考核系数方能应用于员工的绩效工资。

部门负责人绩效考核系数＝部门负责人绩效考核结果÷100

部门内部员工的绩效考核系数＝员工绩效考核结果÷100

第三十五条　员工绩效工资计算

各部门负责人当期应发放的绩效工资＝各部门负责人绩效工资基数×各部门负责人绩效考核系数

部门内部各员工当期应发放的绩效工资＝部门内部各员工绩效工资基数×部门内部各员工绩效考核系数

第三十六条　绩效结果的其他用途

用于年终绩效：具体操作请参照公司相关制度执行。

用于薪级调整、职位升降、轮岗、培训等方面，具体操作请参照公司相关制度执行。

第十章　绩效面谈

第三十七条　绩效面谈是指绩效督导者给绩效实施者考评完成后，绩效督导者与绩效实施者面对面就绩效考核结果进行沟通的过程。绩效督导者对绩效实施者完成绩效考评过后，要就绩效实施者的绩效考核分数进行面对面的沟通，同时要帮助绩效实施者找出工作中存在的不足，指导其提出相应的改进办法，并在下一周期的绩效管理中对其进行辅导和改进。绩效面谈的目的是为了总结员工上一考核周期内工作的得失，也是帮助其提高工作业绩的一次机会，具体操作可参照附件中的《绩效面谈程序》来执行。

　　第三十八条　员工根据绩效考核结果进行总结、分析，并初步拟定出绩效改进计划，填写好《员工绩效改进计划表》。

　　第三十九条　部门负责人根据员工制定的绩效改进计划，结合公司实际情况和自身经验，与员工沟通，协助完善绩效改进计划，同时做好在下一阶段绩效实施过程中给予有针对性的帮助与辅导，这个过程也需要填写《员工绩效改进计划表》，填写完后，员工和绩效督导者各自保留一份。

　　第四十条　人力资源部总结、分析当期绩效管理工作开展情况，并对出现的问题提出解决办法，不断改进绩效管理工作。

　　第四十一条　战略管理部门在年内根据人力资源部提交的每期绩效考核结果，监督、评估公司年度经营计划执行情况。如遇到问题，及时上报并进行相应的调整。

　　第四十二条　人力资源部月末根据各部门的绩效目标达成情况进行总结、分析，并制定相应的改进计划，同时提交总经理审批。审批通过后，就开始开展下一月的绩效管理工作；如未通过，则打回人力资源部重新进行分析和总结。

第十一章　附则

　　第四十三条　本办法未尽事宜，请参考公司其他相关规定。

　　第四十四条　本办法由人力资源部负责制定，人力资源总监审阅后报总经理批准。

　　第四十五条　本办法由人力资源部负责解释，自发布之日起实行。

　　第四十六条　本办法自颁布之日起生效，修改时亦同。

二、绩效管理流程图

　　绩效管理流程图是《绩效管理制度》中开展绩效管理工作的补充性文件。下面将给出一个绩效管理流程图的案例（见图 14 - 1）。需要说明的是，不同的企业在设计绩效管理流程时，会结合企业自身的特点进行设计。

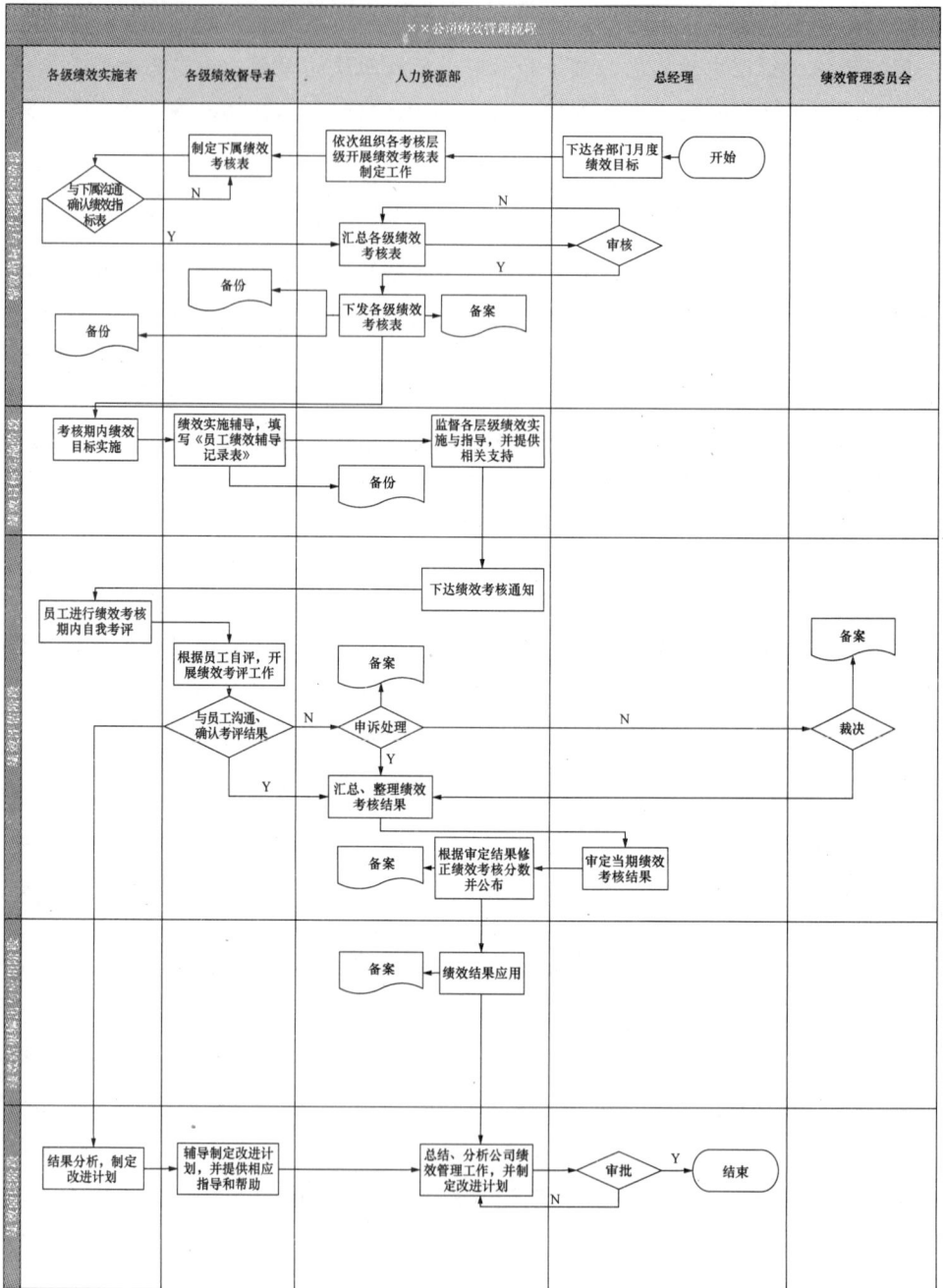

图 14-1　××公司绩效管理流程

实践篇

企业在建立绩效管理体系时，应该结合企业自身的特点和需求，在自主建立、委托建立和合作建立的方式中选择合适的绩效管理体系建设方式。

企业应当如何建立自己的绩效管理体系？绩效管理体系建立的步骤和相应的工作都包含哪些？开展这些工作会用到哪些工具？以及开展这些工作应当注意什么？这些问题都能够在本篇中找到答案。

如何判断企业所建立的绩效管理体系，或者企业所运行的绩效管理体系是否成功？本书认为可以从制度的完善性、实操的有效性和影响的有利性三个维度来进行评估。

第十五章 绩效管理体系建立方式

本章所讲述的内容主要是如何在企业中建立起绩效管理体系，是绩效管理的实战部分。这里的绩效管理体系是以传统绩效管理体系为例。

一、绩效管理体系建立的判断标准

一家企业是否已经建立了绩效管理体系，主要看其是否满足两个条件：一是企业是否已经建立了相应的绩效管理制度，简称制度条件；二是企业是否已经具备了熟练开展绩效管理的能力，简称能力条件。

（一）制度条件

判断企业是否满足制度条件，主要从三个方面看：《绩效管理制度》、绩效管理流程图和相应表单是否完善。

1. 《绩效管理制度》

《绩效管理制度》是一个企业开展绩效管理的基本依据，没有《绩效管理制度》的企业肯定是不能够开展绩效管理工作的。企业不仅要有《绩效管理制度》，并且该制度还必须具有可操作性，是一个完善的制度。只有以上两点都具备了，才能说企业已经拥有了《绩效管理制度》。

2. 绩效管理流程图

绩效管理流程图严格意义上说是《绩效管理制度》的一个补充，因为在一般情况下，《绩效管理制度》中也会详细说明绩效管理工作开展的流程。但在现代企业管理中，流程管理已经成为了企业的一个重要管理工作，所以企业是否具有完善的绩效管理流程图，也是判断企业绩效管理的制度方面是否完善的一个重要标准。

3. 相应表单

相应表单主要是指绩效管理中可能会用到的各种表单，如《绩效评估表》、《管理绩效评价表》、《价值观评价表》、《绩效目标实施计划》、《绩效改进计划》、《员工绩效结果申诉表》等样表。这些表单对于绩效管理的正常实施起着非常重要的支撑作用，所以这些表单不仅要有，而且也需要具备较好的可操作性。

（二）能力条件

能力条件主要是针对企业的绩效督导者与绩效实施者是否具备了熟练开展相应绩效管理工作的能力，这也是判断企业是否建立了绩效管理体系的重要条件之一。具体包括是否具备了可进行绩效管理实施的绩效管理理念和绩效管理能力。

1. 绩效管理理念

是否具备绩效管理理念是指绩效督导者与绩效实施者对绩效管理理念的理解、认知程度是否已经达到了开展绩效管理工作的基本要求，这对于企业成功开展绩效管理工作极为重要。判断绩效督导者与绩效实施者是否理解和掌握了绩效管理理念一般有两种方法：一是通过与绩效督导者和绩效实施者进行绩效管理理念方面的沟通，在沟通的过程中来判断他们是否已经掌握了绩效管理理念；二是通过对绩效督导者与绩效实施者日常有关绩效管理的行为进行观察，从他们的日常行为来判断他们是否掌握了绩效管理理念。除此之外，还包括绩效督导者与绩效实施者是否掌握了基本的绩效管理知识，如绩效管理周期、绩效申诉等基本概念以及对整个绩效管理流程等各方面的知识。只有绩效督导者与绩效实施者达到绩效管理理念和绩效管理知识的基本要求，才能说企业已经具备了基本的绩效管理理念。

2. 绩效管理能力

绩效管理能力是指顺利、有效开展绩效管理的基本能力，这对于绩效管理的操作能力也非常重要。常用的绩效管理能力包括理解能力、沟通能力、组织能力、协调能力、激励能力等管理能力和绩效督导者对绩效实施者所从事工作的指导、辅导能力以及绩效实施者基本的绩效实施能力。绩效管理能力对于绩效督导者和绩效实施者的要求不一样。对于绩效督导者而言，更强调沟通、组织、协调和激励能力以及指导辅导能力；对于绩效督导者而言，则更强调理解、沟通能力以及基本的绩效实施能力。当绩效督导者与绩效实施者都达到了这些能力的基本要求时，才能说他们具备了基本的绩效管理能力。

二、企业建立绩效管理体系的方式

企业建立绩效管理体系一般有三种常用的方式可供选择：一是企业自主建立绩效管理体系的方式；二是企业委托专业第三方机构建立的方式；三是企业与第三方机构合作建立的方式。三种方式各有优劣，企业应根据自身的需求选择使用。

（一）自主建立

自主建立绩效管理体系就是指绩效管理体系的各项工作都由企业自主设计并推广实施，也就是说，企业内部负责绩效管理体系设计的组织不仅要完成绩效管理体系设计，还要负责绩效管理体系的推广实施。

但从实际的情况看，企业一般很少采用这种方式来建立绩效管理体系。其原因主要有以下几点：

1. 容易使企业受自身环境的制约

企业自主建立绩效管理体系受自身环境的制约主要体现在两个方面：一是企业容易受到自身思维惯性的限制，导致企业难以走出自己的思维模式，甚至未发现自身在绩效管理体系建设方面存在的问题，出现"当局者迷"的现象。二是当企业自主建立绩效管理体系时，很容易受制于企业内部复杂利益关系的影响，容易使绩效管理体系在设计时就偏离客观、公正的方向。当然，在这种环境下所设计出的绩效管理体系往往难以在应用时取得成功，或者说有效。

2. 企业内部对绩效管理体系的研究或理解往往不能达到设计所需要的程度

在企业中从事绩效管理工作的人员往往更加关注绩效管理体系如何使用，对绩效管理体系的理论进行深入研究的人员一般不多。另外，对绩效管理的理解往往需要对绩效管理有丰富的实践经验，毕竟绩效管理是一门以实践为主的学科。所以，对于企业来讲，不论是在绩效管理的专业水准上，还是绩效管理的实践经验积累上，一般都很少能达到进行自主绩效管理体系设计所需要的程度。

3. 缺少实操经验是绩效管理体系推广的障碍

企业也许可以通过突击等多种方式获得对绩效管理体系的深入理解，因此企业也可能自主设计出绩效管理体系，但绩效管理体系推广往往会成为障碍。企业的绩效管理推广就是将绩效管理体系应用到实际操作中，在这个过程中一般会出现一些绩效管理体系在设计时未能预料到的问题，所以实际上，绩效管理体系的推广阶段也是对所设计的绩效管理体进行一个完善的阶段。正因为在该阶段会遇到一些在绩效管理体系设计时很难遇到的问题，所以这一阶段的工作需要丰富的绩效管理实践经验。而对于企业来讲，刚开始推广绩效管理体系时一般都比较缺乏实践经验。所以，绩效管理体系实践经验的缺乏往往会成为企业绩效管理体系推广的障碍。

（二）委托建立

委托建立就是指企业委托第三方机构建立起自己绩效管理体系的一种方式。在此种方式下，企业绩效管理体系的设计工作和绩效管理体系的实施推广工作都由第三方机构完成，企业最终只需要验收并使用该绩效管理体系即可。

此种方式目前被很多企业采用，所委托的第三方一般以管理咨询机构为主。企业采用这种方式的理由一般如下：

1. 有利于解决企业思维定式和内部关系等问题，从而保障绩效管理体系设计

企业所委托的第三方在进行绩效管理体系设计时，能够摆脱企业自身的思维定式，以第三方的视角看待企业的环境，同时也能有效摆脱企业内部关系的制约，使得所设计的绩效管理体系更契合企业的实际情况，也更加合理和科学。当然，这并不是说第三方就完全按照自己对企业的理解来设计绩效管理体系，而是在整个体系的设计过程中进行着不断的沟通，也就是说，第三方所设计的绩效管理体系，是建立在与企业充分沟通和了解的基础上。

2. 能有效解决绩效管理体系设计时的专业能力与经验问题

一般来讲，优秀的第三方管理咨询服务机构都会在自己主营的专业领域有充分的理论积累与经验积累，他们长期从事该领域的工作，对该领域的理论研究、前沿动态等信息掌握比较充分，有大量的数据和理论研究作支撑。另外，专业的管理咨询机构都长期专注于自己的领域，从业人员一般在该领域都有非常丰富的经验。所以，正规的管理咨询机构在设计绩效管理体系时，其专业能力与相关经验一般都比较有保障。

3. 有利于企业节约相关资源

由于企业是以委托第三方机构的方式建立绩效管理体系，所以企业不必在建立的过程中投入过多的资源，如企业领导者不必投入过多的精力，只需要把握住所建立的绩效管理体系质量即可；也不必投入过多的人力参与具体的工作中，这就不影响企业其他相关工作开展。

企业委托第三方机构建立绩效管理体系的方式虽然有以上几个优点，但其也存在一些不足：一是由于企业所采取的委托建立方式是以第三方机构为主来进行

绩效管理体系设计，所以企业参与较少。这就导致企业难以从中学到必要的绩效管理知识，尤其对于在企业中从事绩效管理的人员。二是正因为企业人员在第三方绩效管理体系设计过程中参与较少，所以增加了企业方接收第三方设计绩效管理体系时的难度，尤其是在后期的绩效实施中，这在一定程度上增加了绩效管理体系实施的风险。

（三）合作建立

合作建立是指企业通过与第三方进行合作的方式来建立绩效管理体系。此种方式与企业委托建立方式的区别在于，在此种方式中，企业方是绩效管理体系建立的主要操作者，而第三方机构则扮演着教练的角色，对企业方的绩效管理体系建立进行辅导。此种方式受到很多企业的欢迎，其主要原因是：

1. 能有效避免思维定式和能在一定程度上消除内部环境对绩效管理体系设计的影响

由于此种方式还是与第三方合作，所以通过合作能够摆脱企业的思维定式，打开企业的思路。同时，虽然在此种方式下是以企业为主进行绩效管理体系设计，但由于有外部专家的参与，因此还是能够在一定程度上消除企业内部环境的影响。

2. 能够有效提升企业的绩效管理能力

由于在此种方式下是以企业为主进行绩效管理体系设计，第三方作为教练进行辅导，所以不仅能有效保障建立的绩效管理体系的质量，更重要的是能够使企业以实战的方式深度参与绩效管理体系设计，并且在第三方专家的辅导下能够有效提高企业的绩效管理能力。

3. 方式灵活、经济

同是通过第三方的方式建立企业的绩效管理体系，但此种方式与委托建立相比由于不需要完全由第三方机构完成所有的工作，所以此种方式从双方合作的酬劳上将更加经济。同时，由于第三方是以外部辅导的方式，因而企业对绩效管理体系建设的时间也可以更灵活地把握。

但此种方式虽好，也需要企业具备一些基本的条件才可以采用此种方式。其中的一个重要条件就是企业要具备一定的管理能力。因为在此种方式中，外部第三方只是辅导者，大量的工作都需要企业自己来完成，所以企业必须要具备一定的基本能力才能采用此种方式，否则企业就很难胜任其作为主要角色的工作职责，如企业与外部第三方的对接组需要较强的沟通、理解和学习能力，对办公软件的操作一定要达到非常熟练的程度等。

第十六章　绩效管理项目实操

本章在介绍企业绩效管理体系设计时将选用委托建立的方式，且以被委托的第三方视角进行介绍，操作的主体统称为项目组。所设计的绩效管理体系为传统绩效管理体系。如果企业选择自主建立或者合作建立的话，可以参照本方式，并做相应的调整即可。

一、工作部署

（一）总体思路

绩效管理体系设计总体上可以分为项目启动、沟通访谈、资料分析与培训、绩效指标设计和绩效管理体系整体设计五个步骤。这五个步骤的逻辑是项目启动后，开始与企业相关的负责人进行沟通访谈，并收集资料；然后通过对资料和访谈记录的分析了解企业的真实情况，并在这一过程中对企业开展绩效管理的相关培训，使企业获得绩效管理的相关知识和学习如何进行绩效指标提取；辅导企业的绩效督导者进行绩效指标提取；完成绩效指标提取后，项目组开始设计整个绩效管理体系。

开启动会→访谈→梳理部门以及岗位职责（绩效管理理念培训、绩效管理体系与指标提取培训）→提取岗位绩效指标（绩效督导者参与）→绩效管理体系设计（确定绩效管理周期、绩效管理关系、组织机构与职责以及四个阶段的制度要求、绩效结果应用、相关文件）。

（二）重要参与者与职责

在绩效管理体系设计过程中，实际参与者非常多。就企业方而言，多数情况下基本包含了企业的所有人员，这些人员大致可分为三类：项目决策层、项目对接组和其他参与人员。第三方机构则主要是项目组。当然，第三方机构的参与者可能还包括一些商务上以及后台的相关管理等，这些参与者在不同的机构里设置和功能不一样，在此不做介绍。

1. 项目决策层

项目决策层是指企业方的项目决策层，往往是企业一把手或者还包括一把手的核心团队成员。他们是项目的最高负责人和最高决策者，项目中的一些关键或重要内容都需要他们参与并做决策。

2. 项目对接组

项目对接组人员的构成往往是企业的人力资源部，或者有些企业的绩效管理部、综合管理部等，其成员主要是企业后期绩效管理工作的归口部门或者主持者、负责人等。项目对接组的主要职责是在项目的日常工作中，代表企业方配合项目组开展工作和一些日常服务，如帮助项目组协调召开会议，协调办公环境等。

3. 其他参与人员

其他参与人员一般就是企业的各级管理者和基层员工。在绩效管理体系中就是绩效督导者与绩效实施者。他们的主要职责就是在项目组的主导下，参与绩效管理体系设计时的相关工作，在绩效管理体系实施时，他们则是主要的实施者。

4. 项目组

项目组就是由企业所委托的第三方机构派出的工作团队。他们是企业绩效管理体系设计的主要设计者，也是企业绩效管理体系项目的主要工作承担者和项目设计的负责人。也就是说，企业的绩效管理体系设计由项目组完成，他们承担主要设计工作，项目成果由他们提出。

（三）工作方式与周期

1. 采取驻场的形式

由于企业所选取的是委托第三方建立绩效管理体系的方式，所以被委托方即项目组是绩效管理体系设计的主要参与者。为了使项目组的工作更能紧密结合企业的实际情况以及有利于项目组实时与企业方开展相关的沟通，所以一般情况下，此种建立方式均采取项目组驻场的工作方式。

项目组驻场的工作方式就是指项目组在绩效管理体系设计期间与企业一同办公。

2. 项目周期

根据经验，对于大多数中小型企业而言，绩效管理体系设计的时间一般为1~2个月。

二、具体操作过程

（一）项目启动

项目启动的是一个向企业全体人员宣告绩效管理体系设计项目开始的工作。其主要操作形式一般有召开项目启动会、发布公文等。这些活动的目的都是向绩效管理体系设计项目的所有相关人员正式宣告项目启动，并要求大家积极配合项目开展。

1. 召开项目启动会

召开项目启动会是企业在绩效管理体系设计项目启动时常用的形式。

参会者项目决策层及其职责。最好是企业的一把手也参加。企业的一把手在会上主要宣布企业的绩效管理体系设计项目启动，介绍项目对企业的意义，并要求大家配合好该项目，对项目组和企业的其他人员提出一些要求。

参会者项目对接组及其职责。主要表明如何配合项目组开展相应工作。同时对存在的疑问进行提问和咨询。

参会者其他参与人员及其职责。主要表明如何配合绩效管理体系的建立工作，以及如何协调好本职工作。同时就存在的疑问进行提问和咨询。

参会者项目组及其职责。对项目的大致内容以及工作计划做一个介绍，同时还会对项目组成员做介绍，以方便日后的工作沟通。

常见的工作计划表如表 16 - 1 所示。

2. 发布公文

发布公文的方式相对于项目启动会而言，采用的频率较小。发布公文主要是企业的公文发布机构在企业决策层的授权下，就项目的启动时间、周期、意义以及对大家的要求做一个书面的陈述，并以公文的形式下发给大家，以便大家知晓此事，并做好配合的相关准备。

3. 其他工作

因为项目启动会的召开就意味着项目正式启动。所以项目组在入场时或者入场前最好提交一份关于办公条件的需求清单（见表 16 - 2），以便项目对接组提前协调好相关资源，保障工作按时、有效开展。

表 16 - 1　××项目工作计划样例

工作阶段＼工作内容	日期＼	1 一	2 二	3 三	4 四	5 五	6 六	7 日	8 一	9 二	10 三	11 四	12 五	13 六	14 日	15 一	16 二	17 三	…	工作成果
第一阶段：资料收集与调研	项目启动会	■																		《×××××××》，……
	访谈工作	■	■	■	■	■														
	资料收集与整理	■	■	■	■	■														
	问题研讨与诊断	■	■	■	■	■														
	访谈纪要整理	■	■	■	■	■														
第二阶段：×××× ××××	×××××								■	■										《×××××××》，……
	×××××										■	■								
	×××××											■	■							
	×××××															■	■			
	×××××									■	■									
	×××××																			
第三阶段：×××× ××××	×××××							■	■	■										《×××××××》，……
	×××××																			
	×××××																			
	×××××																			

表 16 - 2　项目组办公条件需求样例

××项目

项目组所需办公室条件

××项目对接组：

你们好！

首先感谢你们给予我们工作的大力支持！为了更有效地开展工作，项目组还需要以下办公条件，麻烦在百忙之中帮我们协调一下。谢谢！

××项目组

××××年××月××日

----

1. 办公电话一部。

2. 打印机一部及打印纸两包，订书机一个。

3. 投影仪一台。

4. 多空插线板一个。

5. 白板一个、白板擦、白板笔几支（最好能有几种颜色）。

6. 笔记本、签字笔。

7. ……

（二）沟通访谈

1. 准备工作

一般来讲，项目启动会召开后，项目组就要对企业的相关人员开展沟通访谈工作。但在访谈工作开始前，应该向项目对接组提交访谈计划表、访谈提纲和资料需求清单，方便项目对接组协调访谈时间以及准备相关资料。

（1）访谈计划。这是项目组对即将开展的访谈工作进行时间安排，也包括对访谈人员的时间安排。访谈计划的制定要注意以下要点：

1）越重要的访谈对象越要排在后面。这样有利于通过前面的沟通，在掌握了企业的一些基本情况后再对重要的访谈对象进行深入的沟通。

2）访谈对象选取时要有重点的全覆盖。这里包含两方面的意思：一是指在选择访谈对象时，要尽量多选取重要的对象进行访谈，所谓重要的访谈对象，就是那些对项目有非常重要影响的人。二是指所选择的访谈对象最好能够全面覆盖整个企业，如在管理层级上要包含高层、中层、基层和员工；在部门方面，既要包含业务部门，也要包含职能部门；在年龄段上，各个年龄段最好都要包含等。

3）项目组拟定时间，由项目对接组最终确定时间。访谈计划的时间安排，一般由项目组先拟定一个时间安排，然后再由项目对接组进行调整，这个调整也包含两方面意思：一是指项目对接组在项目组所拟定时间安排的基础上去跟访谈对象进行沟通确认时所作的调整；二是指在访谈工作进行时，某些访谈对象可能因为临时不便而做的调整。

4）访谈计划制定完成后，项目组与项目对接组各保留一份，并进行实时更新，以确保双方工作能够协调一致。常见的访谈计划表如表 16 - 3 所示。

表 16 - 3　　××项目访谈计划表

序号	访谈日期	访谈时间		部门	职位	姓名	访谈人	记录人	备注
1	××××/ ××/××	上午	8:40 - 9:40						
2			9:50 - 10:50						
3			11:00 - 12:00						
4		下午	13:20 - 14:10						
5	（星期×）		14:20 - 15:10						
6			15:20 - 16:10						
7			16:20 - 17:10						

续表

序号	访谈日期	访谈时间		部门	职位	姓名	访谈人	记录人	备注
8	××××/ ××/×× （星期×）	上午	8:40-9:40						
9			9:50-10:50						
10			11:00-12:00						
11		下午	13:20-14:10						
12			14:20-15:10						
13			15:20-16:10						
14			16:20-17:10						
15	××××/ ××/×× （星期×）	上午	8:40-9:40						
16			9:50-10:50						
17			11:00-12:00						
18		下午	13:20-14:10						
19			14:20-15:10						
20			15:20-16:10						
21			16:20-17:10						

（2）访谈提纲。这是项目组在访谈之前提交给访谈对象的文件。其目的主要在于让访谈对象在正式访谈之前了解将要访谈的大致内容，这样有利于访谈对象对访谈内容做好相应的准备（见表16-4）。在制定访谈提纲时，为了使提纲更具有针对性，一般会制定出高层访谈提纲、中层访谈提纲和员工访谈提纲。另外，就访谈提纲的内容而言，除了主要针对绩效管理提出相关的问题外，一般还会根据访谈对象的不同而涉及企业的战略、文化等相关问题，其主要目的在于向企业了解更全面和更深入的信息。

表16-4　××项目高层访谈提纲样例

> ××项目
> 高层访谈提纲
>
> ××先生/女士：
>
> 　　您好！
>
> 　　我们是××项目组的成员。为了本次人力资源管理机制咨询项目的高效、顺利开展，我们将向您了解××公司的相关情况，内容见下。本次访谈的内容我们将严格保密，您所提供的信息将是我们项目方案设计的重要参考，希望能得到您的支持，谢谢！
>
> 　　　　　　　　　　　　　　　　　　　　　　××项目组
> 　　　　　　　　　　　　　　　　　　　××××年××月××日

---

1. 请介绍一下您的基本情况，如工作经历、现在工作职务、主要工作内容等。

2. 谈谈您对公司未来发展的看法，如公司取得成功的因素、当前市场环境、优劣势、未来发展方向、面临的挑战以及将会采取的措施等。

3. 公司目前在运营和管理中体现了怎样的文化和价值观？这些文化和价值观对企业发展产生了哪些影响？您对公司企业文化建设有何建议？

4. 当前公司的组织结构是否符合公司的发展需要？存在哪些不足？您对组织结构的改进有什么建议？

5. 请您谈谈公司当前的薪酬福利情况，公司薪酬激励效果、员工福利等。

6. 公司人员流动情况如何？造成人员流动的原因有哪些？

7. 您认为公司实施绩效管理应该从哪些方面入手？应该注意哪些问题以及您对绩效管理有什么样的期望？

8. 其他您认为对本次项目的重要问题。

9. 请谈谈您对本次管理咨询项目的期望与建议。

（3）资料需求清单。这是项目组除了通过沟通向企业获得有关企业信息的另一种方式（见表16－5）。该方式通过项目组列举出所需要资料的清单，由项目对接组收集整理并提交给项目组。

表16－5　××项目资料需求清单样例

××项目
资料需求清单

××项目对接组：

　　你们好！

　　首先感谢你们给我们工作的大力支持！下面罗列的是我们本次工作需要的企业内部资料清单。这些资料对于我们工作正常、高效开展具有很重要的意义，因此麻烦你们在百忙之中抽出时间协助我们对相关资料进行收集和整理。

　　我们希望有电子文件的资料最好以电子版的形式提供，以利于项目组全体成员查看。请尽可能按照清单要求提交相关资料。如有部分资料未在清单中列明，但相关部门认为有必要提供，请同时提供。谢谢！

××项目组

××××年××月××日

---

1. 公司历史沿革、大事记、内部刊物和宣传材料等相关资料。

2. 与公司发展战略、发展规划、经营计划/目标等相关资料。

3. 公司领导及各部门近两年年度工作计划、工作总结、重大业务举措以及与业务相关的会议纪要等资料。

4. 公司组织结构以及员工花名册。

5. 与人力资源相关的工作计划、工作总结、会议纪要、下发文件等相关资料。

6. 公司奖惩制度、薪酬管理制度、薪酬调整的文件和资料（包括个人薪酬调整和集体薪酬调整）、奖金、奖励、福利发放制度等。

7. 与绩效考核有关的制度，如相关考核办法及制度、考核流程、考核指标以及过往的绩效考核档案等相关资料。

8. 公司部门、岗位职责等相关资料。

9. 其他与人力资源相关的文件和资料。

2. 正式访谈

正式访谈是项目组非常重要的获取信息方式，所以项目组一定要准备充分，并非常重视这个过程，以便从中获得必要的信息。

在访谈中常用的沟通方式有两种：一是固定式沟通方式；二是发散式沟通方式。

（1）固定式沟通方式，是指访谈者与访谈对象完全按照事先制定好的访谈提纲进行沟通，第一个问题沟通完，再沟通第二个问题的方式。此种方式在沟通时，访谈者容易操作，对其压力较小；缺点是，由于沟通过于固定，往往限制了访谈对象的思维，难以获得新的想法与观点。

（2）发散式沟通方式，就是在访谈中，访谈者与访谈对象都不按照事先制定的访谈提纲进行一问一答的方式进行沟通，而是围绕着访谈提纲中的内容，并根据访谈对象的思维进行随机的交谈。此种方式有利于访谈对象进行自由的交谈，常常能发掘出一些难以挖掘的有价值的东西，并且交流氛围一般都比较活跃。但此种沟通方式的难点是访谈者必须具有较好的现场控制能力，一要引导好话题，不能够使访谈者谈到高兴处就偏离了主题；二要控制好现场的谈话氛围，因而对访谈者有着非常高的要求。

在访谈的过程中，访谈者一定要尽量挖掘信息，当然实际上在访谈阶段也不可能完全获得项目组所需要的所有信息。因此在访谈完以后，项目组还可以根据工作的需要，让相关人员进行补充。如果有的访谈对象因为时间的原因未能在预计的时间内完成访谈，也可以在适当的时候对其展开补访。

在访谈过程中要做好相应的记录，这些记录对后期工作开展来说非常重要。

（三）资料分析与培训

在完成访谈工作后，项目组的工作就进入到资料分析与培训阶段，该阶段主要有四项工作：一是对访谈所得到的信息以及通过资料清单所收集到的信息进行研读；二是对企业的岗位职责进行梳理；三是对企业开展绩效管理理念方面的培训；四是对企业做绩效指标提取培训。

1. 资料研读

资料研读的内容主要有两部分：一是在访谈过程中所形成的访谈纪要；二是通过资料清单所收集到的有关企业的相关信息。这两部分资料与信息都需要项目组进行深入的研究与分析，并形成相应的判断，以便后续工作的开展。

2. 岗位职责梳理

岗位职责梳理就是整理出企业现有岗位，同时还要跟企业的相关人员确认这些岗位职责的准确性。因为岗位职责是绩效指标提取的重要依据，所以必须要在绩效指标提取前完成岗位职责确认。

3. 绩效管理理念培训

绩效管理理念培训的重点在于介绍绩效管理的目的，以及对于管理者和员工的影响，同时也要介绍绩效管理体系的基本知识。让受训者对绩效管理体系有一个正确的认识，这样才能使后续的各项工作有效开展。

由于此处的培训会直接影响员工对绩效管理的认识，是一个基础性的培训，且对后续各项工作都产生重要影响，所以受训者最好是企业的全体员工。同时，为了使培训工作有序开展，项目组应该在培训实施前就做好相应的培训课件。

4. 绩效指标提取培训

绩效指标提取培训的目的在于向员工介绍绩效指标是如何提取的。其具体的内容在本书的绩效指标章节介绍，在此不再赘述。

由于传统绩效管理中，绩效指标的提取都是由绩效督导者完成，所以项目组在开展此处的培训工作时，受训者应该以管理者为主。

（四）绩效指标设计

完成了绩效指标提取培训后就进入到绩效指标提取阶段。在该阶段工作中，项目组一般不仅要帮助企业完成绩效指标的提取工作，还要完成对企业员工的绩效指标提取辅导工作。以使企业方能够具备绩效指标提取的能力，这样企业才能在项目组离场后自行开展绩效管理工作。

该阶段工作的流程：先是项目组制作并下发绩效指标调研表，然后开展疑问解答与辅导，最后回收绩效指标调研表并拟定出企业各岗位的绩效指标评估表。

1. 绩效调研表的制定与下发

为了培养企业绩效指标的提取能力，项目组一般通过下发绩效指标调研表（见表16-6）让员工填写的方式来让员工参与到绩效指标的提取工作中来，并借此给员工提供相应的辅导。

表 16 – 6 绩效指标调研表样例

一、基本信息					
岗位名称		所属部门		员工姓名	
直接上级		直接下级			
二、主要工作任务及职责					
1. 2. 3. 4. 5.					
三、岗位业务指标及评估方式					
1. 2. 3. 4. 5.					

2. 绩效指标提取辅导

项目组将绩效调研表下发后就要准备做好对员工提出的有关绩效指标提取问题进行解答和辅导。在实际辅导中，可根据不同的情况采用相应的辅导方式。

如果企业员工所出现疑问较少的话，项目组可以逐一进行解答和辅导；如果企业员工所提出问题较多时，则可以对这些疑问进行归类整理，并以会议或研讨的形式进行统一解释和辅导。

3. 拟定各岗位绩效评估表

完成绩效指标提取辅导和收集绩效指标调研表后，项目组就结合调研表与经验拟定出企业各岗位的绩效评估表。

（五）绩效管理体系整体设计

绩效管理体系的整体设计就是要确定出绩效管理体系中各个部分内容，并最终以成果的形式表现出来。

1. 绩效管理体系整体设计的内容

绩效管理体系整体设计的内容除了前面已经拟定出的各岗位绩效评估表之

外，还包括绩效管理机构及相应职责设计、绩效管理关系设计和绩效管理周期设计以及需要明确的绩效管理各阶段工作，除此之外，还包括对绩效结果在薪酬福利中应用进行相关的设计。这些内容的设计一方面需要项目组在已获得信息的基础上给出设计方案；另一方面，还需要将所设计的方案与企业的决策层进行沟通，这样才能确定出企业最终的绩效管理体系。

2. 绩效管理体系设计成果

绩效管理体系的最终成果一般包含《绩效管理体系设计报告》、《绩效管理制度》、绩效管理流程图以及其他在绩效管理过程中可能用到的相关表单。

（六）绩效管理体系辅导实施

绩效管理辅导实施主要是指对绩效管理实施中的四个阶段和一个应用的相关工作开展进行辅导。

在实际操作中，由于绩效指标与计划制定阶段的工作与绩效管理体系设计工作在时间上链接最为紧密，因此项目一般在绩效管理体系设计完成之后就会开展该阶段的辅导工作。而对绩效实施、绩效评估、绩效面谈以及绩效结果输出与应用阶段的辅导则更多的是在项目组离场后，再抽时间到企业进行辅导。

当然像很多企业都非常关心的绩效结果评估与应用的辅导也可以在项目组完成绩效管理体系设计后就开始进行。这时候可以进行模拟演练，以帮助企业的人力资源部门掌握绩效评估结果的应用。

三、企业自主建立、合作建立方式与委托建立方式的区别

（一）与自主建立方式的区别

企业自主建立与委托建立方式的最大区别在于委托建立方式中的主体是第三方，而自主建立方式中的主体则是企业自己的绩效管理体系设计团队。因此，企业如果要采取自主建立方式建立绩效管理体系的话，可以在参考委托建立方式的基础上，将其中的项目组换成企业自己的团队，其中一些相应的操作方法再做相应的调整即可。

（二）合作建立方式的操作

企业采取合作建立与委托建立的主要区别则体现在第三方在整个项目中的角

色定位上不一样。在委托建立方式中，项目完全是以第三方为主；而在合作的方式中，项目则是以企业的团队执行为主，第三方主要是进行辅导，所从事的具体工作将变得很少。因此，如果企业要通过与第三方合作的方式来建立绩效管理体系的话，那么企业的团队就要承担起绩效管理体系设计中几乎全部的具体工作。

第十七章 成功的绩效管理

在阐述完了如何设计绩效管理体系后，也需要给出什么是良性运行绩效管理的标准，以有利于企业判断自己运行的绩效管理是否处于良性运营状态。

判断企业的绩效管理是否处于良性运营状态，主要从制度、实操和影响三个角度来评判。

一、制度的完善性

从制度的角度看，完善的绩效管理制度一定是有效地平衡和维护了相关利益方的利益，并且制度具有不断完善的机制。

（一）相关方的利益需要得到有效平衡

一个制度要具有可操作性，就需要这个制度能够平衡和维护相关利益方的利益，绩效管理制度也不例外。在企业的绩效管理中，相关利益方的角色主要有企业所有者、员工，管理者和员工以及管理者与管理者之间，员工与员工之间等，其中对绩效管理影响最重要的利益相关方是企业所有者、管理者和员工。因此企业的绩效管理制度着重要在这三个利益相关者之间做好利益的平衡，这样绩效管理制度才会得到有效的落实，因为没有人会去维护和遵守一个损害自己利益的制度。

因此，在制定绩效管理制度时，要平衡好企业所有者和员工之间的利益关系。在好的绩效管理制度下，当企业所有者的经营业绩等利益达成时，员工在能力成长和薪酬方面也应该获得相应的利益，这样员工才会尽心尽力地去帮助企业所有者达成经营目标。在有的企业中，绩效管理已经成为了企业所有者降低员工薪酬的一种工具，绩效管理制度不仅没能维护员工的利益，反而成为影响员工利益的一种管理手段，其结果当然是员工千方百计地要么绕过制度使自己获利，要么为了自己的利益而对抗绩效管理制度，这样的绩效管理在制度的利益平衡这个角度来说就是失败的，也是注定要失败的。

（二）制度具有不断完善的机制

一个完善的制度仅仅靠平衡好各相关利益方的利益，或者是光靠一时去平衡好各相关利益方的利益还是不够的，一个制度需要具备在未来或者长期能够平衡各相关利益方的能力，这个能力实际上就是一个不断完善的机制，因此一个好的制度必须要具备一个不断完善的机制，这样的制度才具有生命力，才是长久有效的。

事物都是在不断发展变化的，绩效管理制度所处的环境也是一样，这就客观上需要绩效管理制度能够通过自身不断调整以适应不断变化的外部环境。另外，就制度来说，很难有一个制度是十全十美的，都会存在一些瑕疵，如果这个制度不具有不断完善的机制，那么这个瑕疵也会随着时间的推移而使制度的适用性降低。因此，企业的绩效管理制度需要具有不断完善的机制，如企业应该开展有效的制度流程管理工作。

二、实操的有效性

从实操的视角看，良性的绩效管理还意味着在实操上非常有效，各项绩效管理工作有效开展和绩效目标有效达成。

（一）绩效管理工作有效开展

绩效管理工作是否有效开展也是判断企业绩效管理是否处于良性运营的一个重要标准，与绩效管理的目标是否有效达成是一个过程和结果的关系。实际上，如果企业绩效管理的过程都不能有效保证的话，那么绩效管理结果更无从谈起。

绩效管理是否有效开展主要从这几个方面来判断：一是企业的绩效管理工作是否严格按照绩效管理制度的要求进行开展，如有的企业从第二个绩效管理周期开始就不再有绩效面谈的环节了；二是绩效管理工作是否顺利开展，在有些企业中绩效管理工作的推行阻力就非常大，甚至难以开展；三是相关方是否深度参与，绩效管理工作的有效开展还意味着相关方都能以积极的态度开展相关工作。如果以上这三个方面都开展得较好的话，那么这样的绩效管理工作就算是有效开展。

（二）绩效目标有效达成

绩效目标是否有效达成是衡量绩效管理是否具有实操性或有效性的最直接和最主要的判断依据。绩效目标是否有效达成主要从两个方面来衡量：一是企业的绩效目标是否有效达成；二是员工的成长是否有效实现。

企业绩效目标是否有效达成就是指企业的绩效指标是否都按照要求有效达成，如企业利润指标、投资收益指标、市场占有率指标等是否按照预期达成。这个达成并不一定是要百分之百的达成，而是在一定范围内达成，只要绩效结果在企业能接受的范围之内一般就可以，当然不同的企业对这方面的要求可能不一样。

员工是否实现成长可以从过程和结果两方面来衡量。过程方面是指，企业的绩效管理是否有效地与培训管理工作结合起来，如通过绩效管理，发现员工在某一方面存在不足，这时候如果企业不能为员工提供相应的培训等改进措施和机会的话，那么绩效管理在员工成长方面就存在严重缺失。结果方面的衡量来自员工的绩效水平是否实现了提升，尤其是对于一些具有提升潜力的员工和亟待提升的员工，如果这些员工的绩效水平一直保持不变的话，那么绩效管理在员工提升方面就是失败的，即使企业的培训管理体系在设计上和操作上已经支撑了绩效管理体系。

三、影响的有利性

影响的有利性主要是指企业的绩效管理除了对企业的绩效目标和员工的成长影响之外，对于企业内部的文化氛围、凝聚力等方面的影响是否有利。

成功的绩效管理一定能够在企业内部形成和谐的企业文化。这种和谐的企业文化体现在三个方面：一是企业所有者与员工的"剥削与被剥削"，或者劳资关系已经逐渐演变成了共赢和合作的关系，双方相互尊重、平等相待。二是管理者与被管理者的关系，或者上下级的关系逐渐演变成了教练与运动员的关系，管理者的形象不再是指挥与命令，而是沟通、辅导和协调，员工的工作也不仅仅是执行，还多了协商与计划。三是员工之间关系除了竞争外，还多了分享、相互学习和共同进步。如果企业的文化氛围已经具有这些特点的话，那就说明企业的绩效管理已经对企业的文化氛围产生了有利的影响。

四、小结

　　成功的绩效管理必须同时具备以上三个方面的特征：制度的完善性、实操的有效性和影响的有利性。因为对于成功的绩效管理而言，其不仅仅是当前的成功，还意味着未来也将继续成功；其不仅仅意味着企业绩效目标与员工成长的实现，还意味着能为企业其他方面产生有利的影响。

附录：常用的绩效管理指标

一、行政工作常用绩效指标

序号	指标类别	指标名称	指标含义	数据处理规则	计分规则
1	业务	采购费用控制率	采购费用包括（ ）	采购费用控制率＝实际发生费用/计划费用×100%	比目标值每增加1%，减10分，扣完为止；比目标值每降低1%，加10分，最高得分不超过120分，介于其中，按线性关系计算
2	业务	采购价格	此处采购价格包含（ ）	根据采购单品采购价格高于市场价格的次数来计算该项指标得分	比目标值每增加1次，减10分，扣完为止。连续三个月为0次，该指标加10分；连续6个月为0次，加15分，连续12个月为0次，加20分
3	业务	车辆费用控制率	车辆费用具体指（ ）	车辆费用控制率＝实际发生费用/计划费用×100%	比目标值每增加1%，减10分，扣完为止；比目标值每降低1%，加10分，最高得分不超过120分，介于其中，按线性关系计算

续表

序号	指标类别	指标名称	指标含义	数据处理规则	计分规则
4	业务	采购工作开展的及时性	采购工作具体指（ ）及时性是指（ ）	根据采购发生未能及时进行开展采购工作的次数来计算该项指标得分	比目标值每增购1次，减10分，扣完为止。连续三个月为0次，指标加10分；连续6个月为0次，加15分；连续12个月为0次，加20分
5	业务	采购质量	采购质量具体指（ ）（ ）	根据物资使用部门提出物资质量不合格的次数来计算该项指标得分	比目标值每增加1次，减10分，扣完为止。连续三个月为0次，指标加10分；连续6个月为0次，加15分；连续12个月为0次，加20分
6	业务	档案的完好性	档案是指（ ）完好性是指（ ）	根据档案室档案损坏或遗失的份数来计算该项指标得分	比目标值每增加1份，减10分，扣完为止。连续三个月为0次，指标加10分；连续6个月为0次，加15分；连续12个月为0次，加20分
7	业务	档案管理的合规性	合规性是指（ ）	根据发现未能按照公司要求进行档案管理的次数来计算该项指标得分	比目标值每增加1次，减10分，扣完为止。连续三个月为0次，指标加10分；连续6个月为0次，加15分；连续12个月为0次，加20分
8	业务	文件起草的及时性	文件包含（ ）及时性是指（ ）	根据文件起草工作延迟的次数来计算该项指标得分	比目标值每增加1次，减10分，扣完为止。连续三个月为0次，指标加10分；连续6个月为0次，加15分；连续12个月为0次，加20分
9	业务	信息传递的有效性	信息包括（ ）有效性是指（ ）	根据文件或信息在上传下达过程中不及时或信息出错的次数来计算该项指标得分	比目标值每增加1次，减10分，扣完为止。连续三个月为0次，指标加10分；连续6个月为0次，加15分；连续12个月为0次，加20分
10	业务	保密工作开展情况	保密的内容（ ）保密的要求（ ）	根据泄密的次数来计算该项指标得分	比目标值每增加1次，减10分，扣完为止。连续三个月为0次，指标加10分；连续6个月为0次，加15分；连续12个月为0次，加20分

续表

序号	指标类别	指标名称	指标含义	数据处理规则	计分规则
11	业务	会议保障	会议包括（ ）保障的要求（ ）	根据出现会议准备不及时或出现因准备不充分而造成会议正常召开的次数来计算该项指标得分	比目标值每增加1次，减10分，扣完为止。连续三个月为0次，该指标加10分；连续6个月为0次，该指标加15分；连续12个月为0次，该指标加20分
12	业务	印信使用的合规性	印信包括（ ）合规是指（ ）	根据发现未能按照公司相关要求使用印信的次数来计算该项指标得分	比目标值每增加1次，减10分，扣完为止。连续三个月为0次，该指标加10分；连续6个月为0次，该指标加15分；连续12个月为0次，该指标加20分
13	业务	物资发放的准确性	物资包括（ ）准确性是指（ ）	根据物资发放出错的次数来计算该项指标得分	比目标值每增加1次，减10分，扣完为止。连续三个月为0次，该指标加10分；连续6个月为0次，该指标加15分；连续12个月为0次，该指标加20分
14	业务	物资发放的及时性	及时性是指（ ）	根据未能及时发放的次数来计算该项指标得分	比目标值每增加1次，减10分，扣完为止。连续三个月为0次，该指标加10分；连续6个月为0次，该指标加15分；连续12个月为0次，该指标加20分
15	业务	邮件、快递、传真发收的及时性	及时性是指（ ）	根据未能及时发出邮件的次数来计算该项指标得分	比目标值每增加1次，减10分，扣完为止。连续三个月为0次，该指标加10分；连续6个月为0次，该指标加15分；连续12个月为0次，该指标加20分
16	业务	邮件、快递、传真发放的准确性	准确性是指（ ）	根据未能准确收发的次数来计算该项指标得分	比目标值每增加1次，减10分，扣完为止。连续三个月为0次，该指标加10分；连续6个月为0次，该指标加15分；连续12个月为0次，该指标加20分
17	业务	车辆相关证照年检的及时性	车辆包括（ ）及时性的要求（ ）	根据证照年检时间比预计时间延迟的天数来计算该项指标得分	比目标值每增加1次，减10分，扣完为止。连续三个月为0次，该指标加10分；连续6个月为0次，该指标加15分；连续12个月为0次，该指标加20分

续表

序号	指标类别	指标名称	指标含义	数据处理规则	计分规则
18	业务	车辆使用的合规性	车辆包括（ ）合规性的要求（ ）	根据车辆在使用过程中发生违章的次数来计算该项指标得分	比目标值增加1次，减10分，扣完为止。连续三个月为0次，该指标加10分；连续6个月为0次，连续12个月为0次，加20分
19	业务	行车安全	行车安全的界定（ ）	根据发生事故的次数来计算该项指标得分	每发生1次，减10分，扣完为止。连续三个月为0次，该指标加10分；连续6个月为0次，连续12个月为0次，加20分
20	业务	用车记录提交	用车记录指（ ）	根据未能及时提交用车登记单的次数来计算该项指标得分	比目标值每增加1次，减10分，扣完为止。连续三个月为0次，该指标加10分；连续6个月为0次，连续12个月为0次，加20分
21	业务	出车的及时性	及时性要求（ ）	根据发生未能及时出车的次数来计算该项指标得分	比目标值每增加1次，减10分，扣完为止。连续三个月为0次，该指标加15分；连续6个月为0次，连续12个月为0次，加20分
22	业务	台账登记的合规性	合账是指（ ）合规性的要求（ ）	根据发生相关登记不合规、不及时和登记信息不准确所发生的次数来计算该项指标得分	比目标值每增加1次，减10分，扣完为止。连续三个月为0次，该指标加10分；连续6个月为0次，连续12个月为0次，加20分
23	业务	仓库月报表提交的及时性	及时性要求（ ）	根据未能及时提交报表的次数来计算该项指标得分	比目标值每增加1次，减10分，扣完为止。连续三个月为0次，该指标加10分；连续6个月为0次，连续12个月为0次，加20分
24	业务	预付款计划的准确性	准确性是指（ ）	预付款计划的准确性＝实际使用额／计划使用额×100%	比目标值每降低1%，减10分，最高得分不超过120分；介于其中，按线性关系计算

续表

序号	指标类别	指标名称	指标含义	数据处理规则	计分规则
25	业务	备用金账务相符	相符的要求（ ）	根据不相符的次数来计算项指标得分	比目标值每增加1次，减10分，扣完为止。连续三个月为0次，连续6个月为0次，加15分；连续12个月为0次，加20分
26	业务	考勤统计的准确性与提交的及时性	及时性是指（ ）；准确性是指（ ）	根据统计出现差错的次数与提交不及时的次数来计算该项指标得分	比目标值每增加1次，减10分，扣完为止。连续三个月为0次，连续6个月为0次，加15分；连续12个月为0次，加20分
27	业务	办公设备维护的有效性	办公设备是指（ ）；有效性的要求（ ）	根据发生未能定期保养、及时维修和维修结果不满意的次数来计算该项指标得分	比目标值每增加1次，减10分，扣完为止。连续三个月为0次，连续6个月为0次，加15分；连续12个月为0次，加20分
28	业务	公司网站更新的及时性	更新的内容是指（ ）；及时性的要求（ ）	根据未能及时更新网站信息的次数来计算该项指标得分	比目标值每增加1次，减10分，扣完为止。连续三个月为0次，连续6个月为0次，加15分；连续12个月为0次，加20分
29	业务	IT系统的开发与运维	故障次数的界定（ ）；开发的要求（ ）	根据未能及时完成开发或出现故障的次数来计算该项指标得分	比目标值每增加1次，减10分，扣完为止。连续三个月为0次，连续6个月为0次，加15分；连续12个月为0次，加20分
30	业务	公司信息安全工作开展情况	网络安全的界定（ ）	根据出现公司网络被侵犯的次数和严重程度来计算该项指标得分	比目标值每增加1次，减10分，扣完为止。连续三个月为0次，连续6个月为0次，加15分；连续12个月为0次，加20分
31	业务	信息化硬件设备的维护情况	及时性的要求（ ）	根据未能及时进行维护和设备在使用中出现故障的次数来计算该项指标得分	比目标值每增加1次，减10分，扣完为止。连续三个月为0次，连续6个月为0次，加15分；连续12个月为0次，加20分

续表

序号	指标类别	指标名称	指标含义	数据处理规则	计分规则
32	业务	印刷品印制的及时性与准确性	印刷品包含（　）及时性是指（　）准确性是指（　）	根据未能及时印制和印制出错的次数来计算该项指标得分	比目标值每增加1次，减10分，扣完为止。连续三个月为0次，该指标加10分；连续6个月为0次，加15分；连续12个月为0次，该加20分
33	业务	宣传资料收集、提供的及时性	及时性是指（　）	根据未能及时提供的次数来计算该项指标得分	比目标值每增加1次，减10分，扣完为止。连续三个月为0次，该指标加10分；连续6个月为0次，加15分；连续12个月为0次，该加20分
34	业务	行政纪律监督工作开展情况	监督的要求（　）	根据出现未能及时发现员工违纪的次数来计算该项指标得分	比目标值每增加1次，减10分，扣完为止。连续三个月为0次，该指标加10分；连续6个月为0次，加15分；连续12个月为0次，该加20分
35	业务	公司卫生满意度	卫生要求（　）	根据与目标分数的差异来计算该指标得分	比目标值每增加1%，加10分，最高得分不超过120分；比目标值每降低1%，减10分，扣完为止；介于其中，按线性关系计算
36	业务	绿化工作开展的及时性	绿化的要求（　）	根据未能及时养护的次数来计算该项指标得分	比目标值每增加1次，减10分，扣完为止。连续三个月为0次，该指标加10分；连续6个月为0次，加15分；连续12个月为0次，该加20分
37	业务	绿化工作开展的合理性	合理是指（　）	根据植物出现异常生长或死亡的株数来计算该项指标得分	比目标值每增加1株，减10分，扣完为止。连续三个月为0株，该指标加10分；连续6个月为0株，加15分；连续12个月为0株，该加20分
38	业务	仓库账物相符度	仓库物资是指（　）	根据不相符的处数来计算该项指标得分	比目标值每增加1次，减10分，扣完为止。连续三个月为0次，该指标加10分；连续6个月为0次，加15分；连续12个月为0次，该加20分

续表

序号	指标类别	指标名称	指标含义	数据处理规则	计分规则
39	业务	差旅安排的及时性	及时性是指（ ）	根据未能及时预订的次数来计算该项指标得分	比目标值每增加1次，减10分，扣完为止。连续三个月为0次，该指标加10分；连续6个月为0次，加15分；连续12个月为0次，指标加20分
40	业务	差旅安排的准确性	准确性是指（ ）	根据票务预订信息出现差错的次数来计算该项指标得分	比目标值每增加1次，减10分，扣完为止。连续三个月为0次，该指标加10分；连续6个月为0次，加15分；连续12个月为0次，指标加20分
41	业务	固定资产盘点作开展的及时性	盘点的要求（ ）	根据未能及时开展固定资产盘点工作的次数来计算该项指标得分	比目标值每增加1次，减10分，扣完为止。连续三个月为0次，该指标加10分；连续6个月为0次，加15分；连续12个月为0次，指标加20分
42	业务	部门费用控制率	部门费用包括（ ）	部门费用控制率＝实际发生费用／计划费用×100%	比目标值每增加1%，减10分，扣完为止。比目标得分超过120分加10分，最高得分120分；介于其中，按线性系系计算
43	业务	部门员工流失率	主动离职是指（ ）	员工流失率＝主动离职的员工数量／部门员工总人数×100%	比目标值每增加1%，减10分，扣完为止。比目标值得分超过120分加10分，最高得分120分；介于其中，按线性系系计算
44	业务	部门人才培养人数	人才是指（ ）	根据培养合格的专业人才或管理人才人数来计算该项指标得分	比目标值每增加1%，加10分，最高得分不超过120分；比目标值每降低1%，减10分，扣完为止；介于其中，按线性系系计算
45	管理	绩效考核申诉	考察部门绩效考核结果的申诉情况	根据申诉成功数量来计算该项指标得分	比目标值每增加1次，减10分，扣完为止。连续三个月为0次，该指标加10分；连续6个月为0次，加15分；连续12个月为0次，指标加20分

注：表中内容均为意向性内容，具体以绩效考导者与绩效实施者在绩效指标与计划制定阶段中确认的为准。

二、人力资源工作常用绩效指标

序号	指标类别	指标名称	指标含义	数据处理规则	计分规则
1	业务	人力资源规划制定的及时性	及时性是指（ ）	集团人力资源规划提交延误次数	比目标值增加1次，减10分，扣完为止。连续两年为0次，该指标加10分；连续3年为0次，加15分；连续5年为0次，加20分
2	业务	年度人力需求计划制定的及时性	及时性是指（ ）	集团年度人力需求计划制定延误时间或次数	比目标值增加1次，减10分，扣完为止。连续两年为0次，该指标加10分；连续3年为0次，加15分；连续5年为0次，加20分
3	业务	年度培训计划制定的及时性	计划制定的要求（ ）	集团年度培训计划制定延误时间或次数	比目标值增加1次，减10分，扣完为止。连续两年为0次，该指标加10分；连续3年为0次，加15分；连续5年为0次，加20分
4	业务	招聘合格率	合格率是指（ ）	招聘合格率 = （1 - N_2/N_1）× 100%；N_2 = 新员工试用不合格人数；N_1 = 新员工总人数	比目标值每增加1%，加10分，最高得分不超过120分；比目标值每降低1%，减10分，扣完为止；介于其中，按线性关系计算
5	业务	招聘计划完成率	完成是指（ ）	招聘计划完成率=实际完成招聘人数/计划招聘人数×100%	比目标值每增加1%，加10分，最高得分不超过120分；比目标值每降低1%，减10分，扣完为止；介于其中，按线性关系计算
6	业务	招聘费用差异率	费用包含（ ）	招聘费用差异率 = （|N_2 - N_1| / N_1）×100%；N_2 = 费用实际发生额；N_1 = 预算费用额	比目标值每增加1%，减10分，扣完为止；比目标值每降低1%，加10分，最高得分不超过120分；介于其中，按线性关系计算

续表

序号	指标类别	指标名称	指标含义	数据处理规则	计分规则
7	业务	关键岗位的空缺率	关键岗位是指空缺的界定（ ）	关键岗位空缺率 = N_2/N_1 × 100%；N_1 = 关键岗位计划招聘人数，N_2 = 关键岗位空岗人数	比目标值每增加1%，减10分，扣完为止；比目标值每降低1%，加10分，最高得分不超过120分；介于其中，按线性关系计算
8	业务	培训计划时间完成率	培训时间是指（ ）	培训计划时间完成率 = N_2/N_1 × 100%；N_2 = 实际完成培训时间总数，N_1 = 计划完成培训时间总数	比目标值每减少1%，减10分，扣完为止。比目标值每降低1%，加10分，按线性关系计算
9	业务	培训计划次数完成率	培训完成是指（ ）	培训计划次数完成率 = N_2/N_1 × 100%；N_2 = 实际完成培训次数，N_1 = 计划完成培训次数	比目标值每减少1%，减10分，扣完为止；比目标值每降低1%，加10分，最高得分不超过120分；介于其中，按线性关系计算
10	业务	员工技能提升率	技能提升是指（ ）	员工技能提升率 = （N_2 - N_1）/N_1 ×100%；N_2 = 期末技能评估得分，N_1 = 期初技能评估得分	比目标值每增加1%，加10分，最高得分不超过120分；介于其中，每降低1%，减10分，扣完为止，按线性关系计算
11	业务	员工培训满意度	满意度的要求（ ）	根据实际得分与目标分数的差异来计算该项指标得分	比目标值每增加1%，加10分，最高得分不超过120分；比目标值每降低1%，减10分，扣完为止；介于其中，按线性关系计算
12	业务	培训档案管理工作	及时性是指（ ） 完整性是指（ ）	根据档案归档的不及时的次数、损坏或遗失的份数或数据记录不准确的次数来计算该项指标得分	比目标值增加1次，减10分，扣完为止。连续3个月为0次，该指标加10分；连续6个月为0次，加15分，连续12个月为0次，加20分
13	业务	培训费用控制率	培训费用包括（ ）	培训费用控制率 =（$|N_2 - N_1|$）/N_1 ×100%；N_2 = 实际发生培训费用，N_1 = 预算培训费用	比目标值每增加1%，减10分，扣完为止；比目标值每降低1%，加10分，最高得分不超过120分；介于其中，按线性关系计算

续表

序号	指标类别	指标名称	指标含义	数据处理规则	计分规则
14	业务	薪酬、保险核算的准确性及时性	核算的对象包括（　）	薪酬、保险核算过程中出现差错的次数	比目标值增加1次，减10分，扣完为止。连续3个月为0次，该指标加10分；连续6个月为0次，加15分；连续12个月为0次，加20分
15	业务	薪酬相关报表上报的及时性	完成的要求（　）	薪酬、保险核算及相关统计报表完成上报延误时间或次数	比目标值增加1次，减10分，扣完为止。连续3个月为0次，该指标加10分；连续6个月为0次，加15分；连续12个月为0次，加20分
16	业务	薪酬保险成本分析报告上报的及时性	完成的要求（　）	薪酬保险成本分析报告上报延误时间或次数	比目标值增加1次，减10分，扣完为止。连续3个月为0次，该指标加10分；连续6个月为0次，加15分；连续12个月为0次，加20分
17	业务	年度工资总额控制率	年度工资总额控制情况	年度工资总额控制率 $= N_2/N_1 \times 100\%$；$N_1 =$ 年度工资总额；$N_2 =$ 年度工资总额预算费用额	比目标值每增加1%，减10分，扣完为止；比目标值每降低1%，加10分，最高得分不超过120分，介于其中，按线性相关系数计算
18	业务	人力资源成本控制率	人力资源实际成本与预算成本的偏差	人力资源成本控制率 $= (|N_2 - N_1|/N_1) \times 100\%$；$N_2 =$ 实际发生的人力资源总成本；$N_1 =$ 人力资源预算成本	比目标值每增加1%，减10分，扣完为止；比目标值每降低1%，加10分，最高得分不超过120分，介于其中，按线性相关系数计算
19	业务	人事档案的完善程度	完整性的要求（　）	根据登记遗漏的项数来计算该项指标得分	每遗漏1项，减10分，扣完为止。连续3个月为0项，该指标加10分；连续6个月为0项，加15分；连续12个月为0项，加20分

续表

序号	指标类别	指标名称	指标含义	数据处理规则	计分规则
20	业务	人事档案信息更新的及时性	更新的要求（ ）	根据未能及时更新的项数来计算该项指标得分	比目标值增加1项，减10分，扣完为止。连续3个月为0项，加15分；连续6个月为0项，连续12个月为0项，加20分
21	业务	社保工作开展的及时性	社保工作包括（ ）及时性是指（ ）	根据未能及时开展社保名单筛选、社保资料收集、社保办理和暂保工作的次数来计算该增项指标得分	比目标值增加1次，减10分，扣完为止。连续3个月为0次，加15分；连续6个月为0次，连续12个月为0次，加20分
22	业务	关键员工流失率	衡量企业关键员工流失情况的指标	关键员工流失率＝$(N_2-N_1)/N_1$×100%；N_2＝关键岗位流失人数，N_1＝关键岗位总人数	比目标值每增加1%，减10分，扣完为止；比目标值每降低1%，加10分，最高得分不超过120分，介于其中，按线性关系计算
23	业务	劳动关系手续办理的及时性	及时性的要求（ ）	根据办理不及时的次数来计算该项指标得分	比目标值增加1次，减10分，扣完为止。连续3个月为0次，加15分；连续6个月为0次，连续12个月为0次，加20分
24	业务	劳资纠纷处理的及时性	及时性的要求（ ）	根据处理不及时的次数来计算该项指标得分	比目标值增加1次，减10分，扣完为止。连续3个月为0次，加15分；连续6个月为0次，连续12个月为0次，加20分

注：表中内容均为意向性内容，具体以绩效督导者与绩效实施者在绩效指标与计划制定阶段中确认的为准。

三、财务工作常用绩效指标

序号	指标类别	指标名称	指标含义	数据处理规则	计分规则
1	业务	财务预算制定及时性	及时性的要求（ ）	根据制定财务预算实际所花的时间比预计时间延迟的天数来计算该项指标	每延迟1天，减10分，扣完为止。连续2年为0天，该指标加10分；连续3年为0天，加15分；连续5年为0天，加20分
2	业务	资金使用成本控制率	资金成本是指（ ）	资金使用成本控制率＝实际发生资金使用成本/计划资金使用成本×100%	比目标值每增加1%，减10分，扣完为止；比目标值每降低1%，加10分，按线性关系计算
3	业务	资金需求预测准确率	资金是指（ ）	资金需求预测准确率＝实际资金需求数量/预计资金需求数量×100%	比目标值每增加1%，减10分，扣完为止；比目标值每降低1%，加10分，最高得分不超过120分；介于其中，按线性关系计算
4	业务	资金调配完成率	资金调配要求（ ）	资金调配完成率＝实际资金调配数量/需要资金调配数量×100%	比目标值每增加1%，减10分，扣完为止；比目标值每降低1%，加10分，最高得分不超过120分；介于其中，按线性关系计算
5	业务	筹资方案拟定及时性	筹资方案要求及时性是指（ ）	根据制定筹资方案所花的时间比预计时间延迟的天数来计算该项指标	每延迟1天，减10分，扣完为止。连续2年为0天，该指标加10分；连续3年为0天，加15分；连续5年为0天，加20分
6	业务	筹资完成率		筹资完成率＝实际筹资数量/计划筹资数量×100%	比目标值每增加1%，减10分，扣完为止；比目标值每降低1%，加10分，最高得分不超过120分；介于其中，按线性关系计算
7	业务	短期投资任务完成率	短期投资是指（ ）	短期投资任务完成率＝实际短期投资数量/计划短期投资数量×100%	比目标值每增加1%，减10分，扣完为止；比目标值每降低1%，加10分，最高得分不超过120分；介于其中，按线性关系计算

续表

序号	指标类别	指标名称	指标含义	数据处理规则	计分规则
8	业务	会计核算工作差错次数	会计核算包括（　）差错是指（　）	根据考核期内核算工作出现差错的次数来计算该项指标得分	比目标值增加1次，减10分，扣完为止。连续3个月为0次，该指标加10分；连续6个月为0次，加15分；连续12个月为0次，加20分
9	业务	成本费用核算差错次数	差错是指（　）	根据考核期内核算工作出现差错的次数来计算该项指标得分	比目标值增加1次，减10分，扣完为止。连续3个月为0次，该指标加10分；连续6个月为0次，加15分；连续12个月为0次，加20分
10	业务	财务报表编制及时性	及时性的要求（　）	根据实际编制财务报表所花的时间比预计所需要时间的延迟天数来计算该项指标得分	比目标值每延迟1天，减10分，扣完为止。连续3个月为0天，该指标加10分；连续6个月为0天，加15分；连续12个月为0天，加20分
11	业务	财务报表编制差错次数	差错是指（　）	根据财务报表编制过程中出现的差错次数来计算该项指标得分	比目标值增加1次，减10分，扣完为止。连续3个月为0次，该指标加10分；连续6个月为0次，加15分；连续12个月为0次，加20分
12	业务	固定资产清查及时性	固定资产包含（　）及时性的要求（　）	根据固定资产实际清查的时间同比预计时间延迟的天数来计算该项指标得分	比目标值每延迟1天，减10分，扣完为止。连续3个月为0天，该指标加10分；连续6个月为0天，加15分；连续12个月为0天，加20分
13	业务	固定资产清查差错次数	差错是指（　）	根据固定资产清查过程中的出错次数来计算该项指标得分	比目标值增加1次，减10分，扣完为止。连续3个月为0次，该指标加10分；连续6个月为0次，加15分；连续12个月为0次，加20分

续表

序号	指标类别	指标名称	指标含义	数据处理规则	计分规则
14	业务	税务申报的及时性	及时性的要求（ ）	根据延误的次数来计算该项指标得分	比目标值增加1次，减10分，扣完为止。连续3个月为0次，该指标加10分；连续6个月为0次，加15分；连续12个月为0次，加20分
15	业务	税务申报的准确性	准确性是指（ ）	根据数据出错的次数来计算该项指标得分	比目标值增加1次，减10分，扣完为止。连续3个月为0次，该指标加10分；连续6个月为0次，加15分；连续12个月为0次，加20分
16	业务	会计数据、凭证、账册保管备份完成率	具体要求（ ）	会计数据、凭证、账册保管备份完成率＝考核期实际保存的数据、凭证、账册份数／考核期应保存的份数之比	比目标值每增加1%，加10分；比目标值每降低1%，减10分，扣完为止；介于其中，按线性关系计算加10分，最高得分不超过120分
17	业务	账务处理及时性	及时性的要求（ ）	根据实际处理账务的时间同比预计时间的延迟天数来计算该项指标得分	比目标值每延迟1天，减10分，扣完为止。连续3个月为0天，该指标加10分；连续6个月为0天，加15分；连续12个月为0天，加20分
18	业务	账务处理差错数	差错是指（ ）	根据账务处理出现差错的次数来计算该项指标得分	比目标值增加1次，减10分，扣完为止。连续3个月为0次，该指标加10分；连续6个月为0次，加15分；连续12个月为0次，加20分
19	业务	会计档案归档的及时性	及时性的要求（ ）	根据会计档案实际归档时间同比预计时间延迟的天数来计算该项指标得分	比目标值每延迟1天，减10分，扣完为止。连续3个月为0天，该指标加10分；连续6个月为0天，加15分；连续12个月为0天，加20分

续表

序号	指标类别	指标名称	指标含义	数据处理规则	计分规则
20	业务	会计档案制作准确率	差错是指（　）	根据会计档案制作时出现差错的次数来计算该项指标得分	比目标值增加1次，减10分，扣完为止。连续3个月为0次，该指标加10分；连续6个月为0次，加15分；连续12个月为0次，加20分
21	业务	税务缴纳工作差错情况	差错是指（　）	根据缴纳出错次数来计算该项指标得分	比目标值增加1次，减10分，扣完为止。连续3个月为0次，该指标加10分；连续6个月为0次，加15分；连续12个月为0次，加20分
22	业务	税务年审任务完成及时性	及时性的要求（　）	根据税务年审实际时间比预计时间延迟的天数来计算该指标的得分	比目标值每延迟1天，减10分，扣完为止。连续3个月为0天，该指标加10分；连续6个月为0天，加15分；连续12个月为0天，加20分
23	业务	财务数据备份管理及时性	及时性的要求（　）	根据出备不及时的财务数据次数来计算该项指标得分	比目标值增加1次，减10分，扣完为止。连续3个月为0次，该指标加10分；连续6个月为0次，加15分；连续12个月为0次，加20分
24	业务	成本费用分析报告及时性	及时性的要求（　）	根据未及时提交成本费用分析报告的次数来计算该项指标得分	比目标值增加1次，减10分，扣完为止。连续3个月为0次，该指标加10分；连续6个月为0次，加15分；连续12个月为0次，加20分
25	业务	投资分析及时性	及时性的要求（　）	根据未及时进行投资分析的次数来计算该项指标得分	比目标值增加1次，减10分，扣完为止。连续3个月为0次，该指标加10分；连续6个月为0次，加15分；连续12个月为0次，加20分

续表

序号	指标类别	指标名称	指标含义	数据处理规则	计分规则
26	业务	支票开立领用的及时性	及时性的要求（　）	根据支票开立领用延迟次数来计算该项指标得分	比目标值增加1次，减10分，扣完为止。连续3个月为0次，该指标加10分；连续6个月为0次，加15分；连续12个月为0次，加20分
27	业务	支票汇票签发及时性	及时性的要求（　）	根据支票汇票签发出现延迟次数来计算该项指标得分	比目标值增加1次，减10分，扣完为止。连续3个月为0次，该指标加10分；连续6个月为0次，加15分；连续12个月为0次，加20分
28	业务	支票汇票签发准确率	差错是指（　）	根据支票汇票签发差错次数来计算该项指标得分	比目标值增加1次，减10分，扣完为止。连续3个月为0次，该指标加10分；连续6个月为0次，加15分；连续12个月为0次，加20分
29	业务	收支凭证填写传递及时性	及时性的要求（　）	收据支凭证填写传递出现延迟次数来计算该项指标得分	比目标值增加1次，减10分，扣完为止。连续3个月为0次，该指标加10分；连续6个月为0次，加15分；连续12个月为0次，加20分
30	业务	收支凭证填写传递准确性	差错是指（　）	根据收据支凭证填写传递出现差错次数来计算该项指标得分	比目标值增加1次，减10分，扣完为止。连续3个月为0次，该指标加10分；连续6个月为0次，加15分；连续12个月为0次，加20分
31	业务	凭证装订的及时性	及时性的要求（　）	根据出现未及时装订凭证的次数来计算该项指标得分	比目标值增加1次，减10分，扣完为止。连续3个月为0次，该指标加10分；连续6个月为0次，加15分；连续12个月为0次，加20分

续表

序号	指标类别	指标名称	指标含义	数据处理规则	计分规则
32	业务	凭证保管的完好性	完好性是指（ ）	根据凭证出现损坏、遗失的份数来计算该项指标得分	比目标值增加 1 次，减 10 分，扣完为止。连续 3 个月为 0 次，该指标加 10 分；连续 6 个月为 0 次，加 15 分；连续 12 个月为 0 次，加 20 分
33	业务	单据审核的及时性	及时性的要求（ ）	根据未能及时审核单据的次数来计算该项指标得分	比目标值增加 1 次，减 10 分，扣完为止。连续 3 个月为 0 次，该指标加 10 分；连续 6 个月为 0 次，加 15 分；连续 12 个月为 0 次，加 20 分
34	业务	单据审核的准确性	准确性是指（ ）	根据审核出错或失误的次数来计算该项指标得分	比目标值增加 1 次，减 10 分，扣完为止。连续 3 个月为 0 次，该指标加 10 分；连续 6 个月为 0 次，加 15 分；连续 12 个月为 0 次，加 20 分
35	业务	呆账、坏账提醒的及时性	及时性的要求（ ）	根据未能及时发现货告知的次数来计算该项指标得分	比目标值增加 1 次，减 10 分，扣完为止。连续 3 个月为 0 次，该指标加 10 分；连续 6 个月为 0 次，加 15 分；连续 12 个月为 0 次，加 20 分
36	业务	发票开具的及时性	及时性的要求（ ）	根据未能及时开具发票的次数来计算该项指标得分	比目标值增加 1 次，减 10 分，扣完为止。连续 3 个月为 0 次，该指标加 10 分；连续 6 个月为 0 次，加 15 分；连续 12 个月为 0 次，加 20 分
37	业务	发票开具的准确性	准确性是指（ ）	根据不准确的次数来计算该项指标得分	比目标值增加 1 次，减 10 分，扣完为止。连续 3 个月为 0 次，该指标加 10 分；连续 6 个月为 0 次，加 15 分；连续 12 个月为 0 次，加 20 分

续表

序号	指标类别	指标名称	指标含义	数据处理规则	计分规则
38	业务	报销工作开展的及时性	及时性的要求（ ）	根据未能按照要求及时开展报销工作的次数来计算该项指标得分	比目标值增加1次，减10分，扣完为止。连续3个月为0次，该指标加10分；连续6个月为0次，加15分；连续12个月为0次，加20分
39	业务	报销工作开展的准确性与合规性	合规性是指（ ）	根据报销操作不合规的次数来计算该项指标得分	比目标值增加1次，减10分，扣完为止。连续3个月为0次，该指标加10分；连续6个月为0次，加15分；连续12个月为0次，加20分
40	业务	现金收支准确性	差错是指（ ）	根据现金收支差错次数来计算该项指标得分	比目标值增加1次，减10分，扣完为止。连续3个月为0次，该指标加10分；连续6个月为0次，加15分；连续12个月为0次，加20分
41	业务	库存现金保管安全性	差错是指（ ）	根据库存现金出现差错次数来计算该项指标得分	比目标值增加1次，减10分，扣完为止。连续3个月为0次，该指标加10分；连续6个月为0次，加15分；连续12个月为0次，加20分
42	业务	资金需求报告的及时性	及时性的要求（ ）	根据未能及时上报申请的次数来计算该项指标得分	比目标值增加1次，减10分，扣完为止。连续3个月为0次，该指标加10分；连续6个月为0次，加15分；连续12个月为0次，加20分
43	业务	台账登记的及时性与准确性	及时性的要求（ ）准确性的要求（ ）	根据未能及时登记或登记出现差错的次数来计算该项指标得分	比目标值增加1次，减10分，扣完为止。连续3个月为0次，该指标加10分；连续6个月为0次，加15分；连续12个月为0次，加20分

续表

序号	指标类别	指标名称	指标含义	数据处理规则	计分规则
44	业务	薪酬发放出现差错的次数	差错是指（ ）	根据薪酬发放出现差错的次数来计算该项指标得分	比目标值增加1次，减10分，扣完为止。连续3个月为0次，加指标10分；连续6个月为0次，加指标12个月为0次，加20分
45	业务	薪酬发放的及时性	及时性的要求（ ）	根据薪酬发放出现延迟天数来计算该项指标得分	比目标值每延迟1天，减10分，扣完为止。连续3个月为0天，该指标加10分；连续6个月为0天，连续12个月为0天，加20分
46	业务	企业年审工作开展的及时性	及时性的要求（ ）	根据实际企业年审工作开展的时间比预计时间延迟的天数来计算该项指标得分	比目标值每延迟1天，减10分，扣完为止。连续3个月为0天，该指标加10分；连续6个月为0天，加15分，加20分
47	业务	部门费用控制率	部门费用包括（ ）	部门费用控制率＝实际发生费用/计划费用×100%	比目标值每增加1%，减10分，扣完为止。最高得分不超过120分，介于其中，按线性关系计算
48	业务	部门员工流失率	主动流失是指（ ）	员工流失率＝主动离职的员工数量/部门总人数×100%	比目标值每增加1%，减10分，扣完为止。最高得分不超过120分，介于其中，按线性关系计算
49	业务	部门人才培养人数	人才的含义（ ）	根据培养合格的专业人才或管理人才人数来计算该项指标得分	比目标值每降低1%，减10分，扣完为止。最高得分不超过120分，介于其中，按线性关系计算
50	管理	绩效考核申诉	具体要求（ ）	根据申诉成功数量来计算该项指标得分	比目标值增加1次，减10分，扣完为止。连续3个月为0次，该指标加10分；连续6个月为0次，连续12个月为0次，加20分

注：表中内容均为意向性内容，具体以绩效监督导者与绩效实施者在绩效指标与计划制定阶段中确认的为准。